KB216643

스토리 요한계시록

스토리 요한계시록

저자 양형주

초판 1쇄 발행 2021. 10. 6.
초판 3쇄 발행 2023. 1. 10.

발행처 도서출판 브니엘
발행인 권혁선

등록번호 서울 제2006-50호
등록일자 2006. 9. 11.

서울특별시 송파구 백제고분로28길 25 B101호 (05590)
마케팅부 02)421-3436
편집부 02)421-3487
팩시밀리 02)421-3438

ISBN 979-11-90308-57-1 03230

독자의견 02)421-3487
이메일 editorkhs@empal.com

북카페 주소 cafe.naver.com/penielpub.cafe
인스타그램 @peniel_books

도서출판 브니엘은 독자들의 원고를 설레는 마음으로 기다리고 있습니다.
위의 이메일로 간단한 기획 내용 및 원고, 연락처 등을 보내주십시오.

도서출판 브니엘은 갓구운 빵처럼 항상 신선한 책만을 고집합니다.

누구나 한 권으로 아주 쉽게 이해하는

스토리
요한계시록

양형주 | 지음

브니엘

얼마 전, 목사님 한 분으로부터 연락을 받았다. 요한계시록을 성도들이 쉽게 이해할 수 있는 책을 추천해 달라는 것이었다. 잠시 망설였다. 막상 "이 책 한 권이면 된다"라고 말할 수 있는 책이 곧바로 떠오르지 않았다. 요한계시록 전공자가 쓴 전문서적들은 보통 그 두께가 족히 1~2천 페이지가 넘는 방대한 분량으로 되어 있다. 이런 책들은 읽어내기도 어렵거니와 분량도 너무 많아 중간에 포기하기 쉽다.

성도들이 쉽고 재미있게 이해하도록 하기 위한 책들도 분량이 만만치는 않다. 물론 내가 전에 쓴 「평신도를 위한 쉬운 요한계시록 1, 2」가 있다. 당시의 시대적 정황을 반영하고 사진까지 곁들여 가능한 한 쉽게 설명하려고 노력했다. 많은 사랑을 받은 책이지만 이 책도 두 권이나 된다. 요한계시록을 그 배후에 놓인 역사적 배경과 함께 쉽고 자세히 이해하기 위해서는 유용하다. 요한계시록을 단락별로 풍성하게 이해하고 묵상하기를 원하는 독자에게는 많은 도움이 되리라 확신한다. 하지만 이 책도 분량이 1, 2권을 합쳐 총 700페이지가 넘는다. 여유를 갖고 진득하게 읽지 않으면 완독하기가 만만치 않다. 그렇다고 분량이 짧은 책들을 찾아보면 요한계시록을 전체로 다루기보다는 부분적으로 선별한 내용을 다루는 경우가 많아서 요한계시록 전체를 균형 있게 이해하는 데는 한계가 있다. 어떻든 요한계시록을 쉽게 이해하는 것은 만만치 않은 일 같다.

그렇다면 어떻게 하면 요한계시록을 더욱 쉽고 재미있게 이해할 수 있을까? 어떻게 하면 요한계시록의 내용을 단권의 짧은 분량으로 효과적으로 제시할 수 있을까? 이 책 「스토리 요한계시록」은 이와 같은 질문에서 출발했다. 이런저런 생각 끝에 내린 결론은 요한계시록의 내용을 가장 효과적으로 전달하기 위해서는 스토리텔링으로 풀어내야 한다는 것이었다. 요한계시록 전장을 사도 요한의 관점에서 경험하는 계시 스토리로 읽어내는 것이었다. 요한계시록을 하나의 스토리로 이해하다 보면 각 장의 내용은 물론이거니와 장과 장 사이가 어떻게 연결되는지를 자연스럽게 이해할 수 있고, 사도 요한이 본 환상이 어떤 의미 가운데 전개되는가도 자연스럽게 이해할 수 있게 된다.

내가 섬기는 바이블백신센터에서는 매해 요한계시록 세미나를 진행한다. 세미나에 참여한 목회자와 평신도 지도자들에게 요한계시록을 각 장, 절별로 설명하다 보면 이따금 어려워하는 이들이 있다. 그러면 나는 요한계시록을 스토리텔링으로 다시 설명한다. 전체를 계속해서 스토리로 반복해서 들려준다. 그러다 보면 참석자들은 비로소 요한계시록 전체를 뚜렷하고 생생히 이해하게 된다. 요한계시록이 두려운 책이 아니라 소망과 위로의 책임을 확신하게 된다. 새로운 감동과 결단이 일어난다. "아, 계시록이 이런 책이었구나!", "아하, 계시록은 두려운 책이 아니었구나!" 이런 "아하!" 하는 경험이 이 책을 읽는 독자 여러분에게도 일어나기를 바란다.

이 책의 효과를 극대화하고 싶다면 가능한 한 반복해서 여러 번 읽기를 권한다. 그래서 계시록에 익숙해지기를 바란다. 그러다 보면 요한계시록 전체가 생생하게 한눈에 들어올 것이다. 시간적 여유가 있으면 나의 다른 책, 「평신도를 위한 쉬운 요한계시록 1」 앞부분에 나오는 개론 부분, '계시록은 이런 책이다'를 같이 참조하여 읽어보기를 권한다. 그러면 요한계시록이 더욱더 입체적이고 정교하게 파악될 것이다. 「스토리 요한계시록」에 간단히 언급했던 내용을 더 자세히 알고 싶으면 「평신도를 위한 쉬운 요한계시록 1, 2」를 곁에 두고 필요한 부분을 더 깊이 읽기를 바란다. 자세한 풀이와 다양한 사진 자료와 도표들을 참고하다 보면 자신도 모르는 사이에 요한계시록에 능숙한 성도로 서 있을 것이다. 그리고 적어도 일 년에 한두 번씩은 「스토리 요한계시록」을 반복해서 읽기를 바란다. 이제는 요한계시록이 더는 이단들의 전유물이 아닌, 한국교회 성도들이 정말 사랑하는 성경으로 바뀌었으면 좋겠다. 하나님께서 우리에게 주신 소중한 계시의 말씀이 지금보다 더 많이 사랑받기를 소망한다.

참고로 이 책 「스토리 요한계시록」은 건강한 개혁주의 신학에 입각한 그리스도의 천상통치(무천년설)의 입장에서 저술되었음을 밝혀둔다. 이는 루터와 칼빈의 종교개혁 해석 전통을 계승하는 것이기도 하다. 목차의 순서는 요한계시록 각 장의 순서를 따라 총 22장으로 구성하였다. 또한 장마다 본문을 이해하는 데 도움이 되도록 다양한 관련 사진 또는 성화를 함께 실었다. 그림과 함께 본문을 천천히 묵상하다 보면 요한계시록이 더욱 생생하게 다가올 것이다. 아무쪼록 요한계시록이 이전보다 읽기 쉽고 보다 풍성한 은혜를 맛보는 책이 되길 기도한다. 지금까지 요한계시록을 향한 탐구 여정을 인도하신 하나님께 모든 영광을 돌린다.

글쓴이 양형주 드림

C·O·N·T·E·N·T·S
차 례

프롤로그 _ 한 권으로 아주 쉽게 이해하는 요한계시록 _ 004

요한계시록 01 밧모섬에 갇힌 사도 요한 _ 011

요한계시록 02 일곱 교회를 향한 메시지 (1) : 에베소, 서머나, 버가모, 두아디라 _ 027

요한계시록 03 일곱 교회를 향한 메시지 (2) : 사데, 빌라델비아, 라오디게아 _ 045

요한계시록 04 천상에 펼쳐진 장엄한 예배 _ 061

요한계시록 05 하나님의 오른손에 놓인 일곱 인봉 두루마리 _ 069

요한계시록 06 일곱 봉인이 열리다 _ 079

요한계시록 07 인치심을 받은 천상의 14만 4천 _ 095

요한계시록 08 금 향로와 일곱 나팔 _ 107

요한계시록 09 무저갱에서 나오는 황충과 유브라데에 결박한 네 천사 _ 117

요한계시록 10 힘센 천사의 손에 펴놓인 두루마리를 먹다 _ 129

요한계시록 11 성전 측량과 두 증인의 예언 _ 139

요한계시록 12 해, 달, 별을 입은 여자를 박해하는 용 _ 153

요한계시록 13   바다 짐승과 땅 짐승의 활동   _ 165

요한계시록 14   14만 4천이 부르는 노래와 마지막 수확   _ 177

요한계시록 15   불 섞인 유리 바다에 울려퍼지는 찬양   _ 189

요한계시록 16   진노의 일곱 대접   _ 197

요한계시록 17   큰 음녀에게 내릴 심판   _ 209

요한계시록 18   바벨론의 패망과 애통해하는 자   _ 225

요한계시록 19   천상에 울려퍼지는 찬양과 백마 탄 그리스도   _ 237

요한계시록 20   천년왕국과 백보좌 심판   _ 249

요한계시록 21   새 하늘과 새 땅, 그리고 하늘에서 내려오는 새 예루살렘   _ 265

요한계시록 22   주 예수여, 오시옵소서!   _ 281

핵심 정리 _ 스토리 요한계시록 전장 핵심 나누기   _ 291

밧모섬에 갇힌 사도 요한

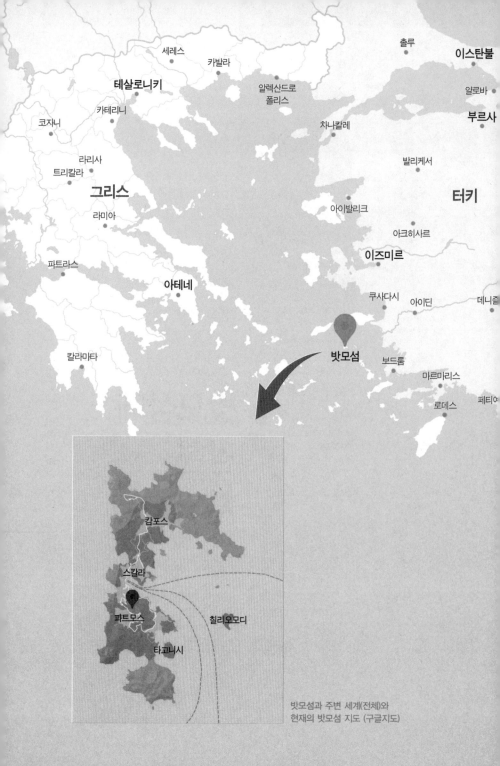

밧모섬과 주변 세계(전체)와
현재의 밧모섬 지도 (구글지도)

✱ 밧모섬에 갇힌 요한 계 1:9-20

주일 아침이었다. 사방이 고요했다. 지중해의 강렬한 햇살이 서서히 밧모섬 사방을 구석구석 비추고 있었다. 주님을 예배하는 '주의 날'(주일)이었음에도 그와 함께 예배할 믿음의 형제자매가 주변에 아무도 없었다. 그는 얼마 전 에베소에서 로마제국의 죄수로 지목, 체포되어 뱃길 따라 무려 100km나 떨어진 이곳, 지중해 밧모섬에 유배되었다. 바로 예수께서 사랑하는 제자 사도 요한이었다. 요한은 최후의 만찬 때 예수님의 품에 의지하여 식사했을 정도로 사랑받던 제자였다(요 13:23).

요한이 돌아볼 때 비록 유배자의 신분이었지만 여기까지 무사히 올 수 있었던 것은 모두 주의 은혜였다. 주님의 보호하심이 아니었으면 요한은 진작 제국의 처형 시도로 에베소에서 목숨을 잃었을 것

이다. 갈릴리 출신의 요한은 예수님의 어머니를 모시고 예루살렘에서부터 핍박을 피해 에베소까지 왔다. 다른 사도들은 복음을 전하다 이미 대부분 순교하였다. 사도 요한이 순교하지 않고 에베소까지 온 것은 예수께서 십자가에 돌아가실 때 그에게 남겼던 마지막 유언 때문이었다. "그 제자에게 이르시되 보라. 네 어머니라 하신대 그때부터 그 제자가 자기 집에 모시니라"(요 19:27). 요한은 이 부탁을 따라 예수님의 어머니 마리아를 안전하게 모시기 위해 이곳까지 왔다. 그는 한때 예루살렘교회의 기둥 같던 지도자였지만(갈 2:9 참조), 위협과 박해를 피해 이곳저곳을 떠돌다 마침내 이곳 에베소까지 온 것

이다. 그즈음 에베소에서는 바울의 제자 디모데가 목회하고 있었다. 그런데 그랬던 디모데가 갑자기 순교하고 말았다. 교회에 전해오는 이야기에 따르면 그 사건의 경위는 다음과 같다.

해마다 5월에 열리는 아데미 축제 때였다. "크도다, 에베소 사람의 아데미여!" 흥분한 군중들은 아데미의 이름을 목청껏 외쳤고(행 19:28,34 참조), 단체로 몰려가 디모데를 붙잡아 축제 광장으로 끌어왔다. 흥분한 군중들은 돌을 집어 던졌고, 디모데는 이때 돌에 맞아 순교했다. 갑작스러운 리더십의 공백에 요한이 디모데를 이어 목회를 감당했다. 그즈음 로마의 황제 도미티아누스는 자신을 퀴리오스, 곧 온 세상의 '주'(Lord)로 선포하며 신격화하기 시작했다. 자신뿐만 아니라 아내인 도미티아 황후, 그리고 태어난 지 얼마 안 되어 죽은 아들까지 신격화했다. 이윽고 에베소에도 도미티아누스를 신격화하기 위한 동상이 세워졌고, 누구든지 그 앞을 지나가는 자는 경배하도록 하였다.

어느 날, 사도 요한이 동상 앞을 지나가게 되었다. 그는 동상에 눈길도 주지 않고 지나갔다. 이를 지켜보던 로마 군병들은 요한을 그 자리에서 체포하였다. 신성한 황제의 동상 앞에 경배는커녕 분향도 하지 않았다는 이유에서였다. 교회에 전해 내려오는 한 이야기에 따르면 요한은 사형을 선고받았고 독배가 내려졌다. 하지만 놀랍게도 요한은 독배를 마시고도 아무 이상이 없었다. 당황한 로마제국은 이번에는 펄펄 끓는 솥에 그를 집어넣고는 요한이 고통 속에 울부짖으며 죽을 것을 기대했다. 그러나 뜨거운 솥 가운데서도 요한은 평안했다. 하나님의 능력이 요한을 지키고 보호했던 것이다.

이 소문은 삽시간에 에베소 전역으로 퍼져나갔다. 당황한 제국은 요한의 존재가 에베소에 있는 것을 원치 않았다. 이런 요한을 칼로 쳐서 죽이는 것도 정치적인 부담이었다. 결국 요한을 에베소에서 100km나 떨어진 외딴 섬 밧모에 유배를 보내기로 했다. 그곳 채석장에서 혹독한 중노동을 맛보게 하는 것이 제국의 입장에서 차라리 더 낫다고 판단했다. 이때가 대략 주후 95년경이었다.

밧모 채석장에서 한 주간의 혹독한 노동으로 요한의 심신은 지쳐 갔다. 몸도 힘들었지만 에베소에 두고 온 교회의 성도들, 그리고 함께 돌보던 에베소 주변의 서머나, 버가모, 두아디라, 사데, 빌라델비아, 라오디게아에 있는 교회들은 극심한 핍박 가운데 다들 무사한지 걱정되었다. 그렇게 한 주가 지나고 마침내 요한이 그토록 사모하던 주일이 왔다. 이날은 만왕의 왕이자 만주의 주가 되시는 사랑하는 그리스도께 예배드리는 날이었다. 요한은 주변의 방해를 받지 않는 조용한 밧모의 한 동굴로 들어갔다. 그리고 조용히 입을 열어 왕이신 예수 그리스도를 찬미했다. 그런데 예배를 드리는 그곳에 성령이 충만하게 임재하였다. 하늘의 감격이 유배지 밧모섬의 한 동굴에 충만하게 임했고, 어느덧 90세가 넘은 노구의 예배자는 성령으로 충만하여 붉게 상기되었다. 성령의 충만한 임재 안에(in the Spirit), 하늘의 평강과 기쁨이 그의 심령 깊은 곳으로 밀려 들어왔다(계 1:10). 이때 사도 요한의 귀에 나팔소리 같은 우렁찬 큰 음성이 들렸다.

밧모섬과 아시아 7교회

"네가 보는 것을 두루마리에 써서 에베소, 서머나, 버가모, 두아
디라, 사데, 빌라델비아, 라오디게아 등 일곱 교회에 보내라"(계
1:11).

노구의 요한은 몸을 돌이켜 소리 나는 쪽을 보았다. 꿈인지 생시인지, 그곳에는 유대 성전에 배치했던 '메노라' 같은 일곱 금 촛대가 있었다. 그리고 촛대 사이를 거니시는 분이 계셨다. 그는 발에 끌리는 옷을 입고, 가슴에 금띠를 띠고 있었다. 유대 제사장의 복장과 같았다. 그의 머리털은 양털같이 하얗고, 눈은 불꽃같이 이글거렸다. 그의 발은 단단한 빛난 주석과 같았다. 그의 오른손에는 일곱 별이 들려 있었고, 그의 입에서는 좌우에 날선 검이 나왔다. 입에서 나오는 음성은 바다의 파도가 부서지듯 우렁차고 힘이 있었다. 그 얼굴은 강렬한 해와 같이 비추었다. 바로 그가 그동안 예배하던 만왕의 왕, 만주의 주이신, 죄와 사망의 권세를 이기고 부활하신 예수 그리스도였다. 강력한 그리스도의 영광의 광채 앞에 요한은 그만 쓰러져 죽은 자같이 되고 말았다.

이때 예수께서는 그의 오른손을 요한에게 얹고 말씀하셨다.

"두려워하지 말라. 나는 처음이요 마지막이니 곧 살아 있는 자라. 내가 전에 죽었었노라. 볼지어다. 이제 세세토록 살아 있어 사망과 음부의 열쇠를 가졌노니 그러므로 네가 본 것과 지금 있는 일과 장차 될 일을 기록하라"(계 1:17-19).

예수께서는 자신의 손에 붙들고 있는 일곱 별과 그가 거닐었던 일곱 촛대가 무엇을 의미하는지 그 비밀을 알려주셨다.

"네가 본 것은 내 오른손의 일곱 별의 비밀과 또 일곱 금 촛대라. 일곱 별은 일곱 교회의 사자요 일곱 촛대는 일곱 교회니라"(계 1:20).

이 말씀은 요한에게 신선한 충격이었다. 왜냐하면 요한은 당시 로마제국에서 발행한 동전의 문양을 기억하고 있었기 때문이다. 도미티아누스 황제의 명으로 주조, 발행한 당시의 동전에는 두 종류가 있었다. 하나는 앞면에는 도미티아누스 황제의 얼굴이 새겨져 있었고, 다른 하나는 황후 도미티아의 얼굴이 새겨져 있었다. 뒷면에는 두 동전 모두 공통된 모양이 새겨져 있었다. 그것은 아기가 지구 위에 앉아 두 손에 일곱 별을 들고 있는 모습이다. 이 별은 큰곰자리를 의미하는 북두칠성을 상징했다. 이는 아기가 하늘과 땅의 모든 권세를 갖고 있음을 상징하는 것이었다. 이 아기는 바로 도미티아누스의 죽은 아들이었다. 황제는 아기의 사후 신성화 작업의 하나로 아기의 모습을 황제의 모습과 함께 주조하여 동전을 발행했다.

그러나 지금 요한이 보고 있는 것은 이와는 전혀 다른 모습이었다. 일곱 별을 붙들고 계시는 분은 도미티아누스의 아들이 아닌 예수 그리스도였고, 우주의 중심이 되는 일곱 별은 북두칠성이 아닌 교회의 대표인 천상의 사자들이었다. 이것은 제국의 사람들이 결코 알지 못하는 '비밀'이었다. 격리된 밧모의 한 동굴에서 요한은 제국이 보여주던 왜곡된 이미지의 참된 실상을 바로 보게 되었다. 온 세상을 붙드시는 참된 주가 바로 예수 그리스도였던 것이다. 일곱 별의 비밀을 보고 깨달은 요한의 가슴에는 벅찬 감동이 밀려왔다. 핍

도미티아누스 동전. 주후 83년경 로마의 제11대 도미티아누스 황제 때 주조된 화폐로 여기에는 둥근 지구와 함께 일곱 별의 비밀이 새겨져 있다.

박과 환난으로 세상에서 무명한 자 같던 교회가 그리스도께는 너무나도 소중하여 그의 손에 붙들린 유명한 자였던 것이었다(고후 6:9 참조).

✳ 요한계시록의 표제와 인사말 계 1:1-8

사도 요한은 예수께서 말씀하신 대로 그가 보여주시는 것을 기록하기 시작했다. 요한은 요한계시록 그 첫 시작에 소아시아의 일곱 교회를 향하여 이 편지가 자신이 임의로 창작한 것이 아니라 예수 그리스도께서 보여주신, 예수 그리스도에 관한, '예수 그리스도의 계시'임을 명백히 밝힌다.

"예수 그리스도의 계시라.

이는 하나님이

그(예수 그리스도)에게 주사

반드시 속히 일어날 일들을

그 종들에게

보이시려고

그의 천사를

그 종 요한에게

보내어 알게 하신 것이라"(계 1:1).

사도 요한은 첫 구절을 통해 하나님께서 교회들에게 어떤 경로를 통해 계시하셨는지를 보여준다. 이는 계시의 궁극적 출처가 자신도 아니고, 천사도 아니며, 오직 하나님임을 명백히 보여준다.

하나님이 예수께 계시를 주시고, 예수님은 천사를 통해 요한에

게, 요한은 그 종들, 곧 교회들에 기록하여 알게 하였다(하나님 →
예수님 → 천사 → 요한 → 교회). 중요한 것은 최종적인 계시의 형
태가 기록된 말씀의 형태, 즉 편지로 전달된다는 점이다. 여기서 '보
이신다'(allow to be visible)라는 말씀은 가시적인 생생한 환상을
'알게 한다' 라는 상징적인 표현(signify)을 통해 전달하는 것을 말
한다. 이는 장차 요한이 보게 될 환상의 상당 부분이 환상과 상징으
로 나타날 것이며, 기록의 상당 부분 또한 환상과 상징의 묘사로 전
달될 것임을 예고한다.

  예수께서 요한에게 환상과 상징으로 그 계시를 보이신 이유는
무엇일까? 이는 요한이 처한 유배의 상황 때문이었다. 유배지에서
죄수가 교회에 보낸 편지라면 제국은 눈에 불을 켜고 경계하며 편지
를 검열할 것이다. 만약 여기에 황제의 이름이 부정적으로 언급되거
나, 제국을 자극하는 반제국적인 내용이 들어간다면, 분명히 이 편
지는 전달되지 못하고 밧모에서 불태워져 사라질 것이다. 그러나 환
상과 상징이라면 그 내용을 짐작하기가 쉽지 않다. 이는 계시를 외
인, 곧 제국에는 감추지만 내부인에게는 드러내도록 하기 위함이었
다(막 4:11). 제국은 편지를 읽고도 그 내용을 좀처럼 짐작할 수 없
지만 요한과 아시아의 교회들은 이 편지로 새로운 하늘의 현실에 눈을
뜨고, 참 소망을 붙들고 인내하며 나아갈 수 있게 된다.

  요한이 기록한 "반드시 속히 일어날 일들"이란 도미티아누스 황
제의 박해 아래 인내하는 성도들에게 일어날 하나님의 구원 역사를
말한다. 교회들은 이제 요한이 기록한 계시록을 통해 악으로 망가지

고 뒤틀린 이 세상에서 하나님의 주권적 통치가 반드시 회복되는 역사를 깨닫고 이를 속히 경험하게 될 것이다. 이러한 계시를 소유하면 성도들을 집어삼킬 듯 넘실대는 제국의 핍박에도 흔들리지 않고, 소망 중에 확신하고 꿋꿋하게 인내할 수 있을 것이다. 그래서 요한은 자신이 쓰는 계시록 말씀의 의의를 다음과 같이 진술한다.

"이 예언의 말씀을 읽는 자와 듣는 자들과 그 가운데 기록한 것을 지키는 자들이 복이 있나니 때가 가까움이라"(계 1:3).

예수께서 기록하도록 하신 계시록 말씀은 '예언'(預言)의 말씀이었다. 여기서 '예언'이란 '미래의 일'을 말하는 것(豫言)이 아니라 '하나님이 맡긴 말씀을 그대로 전달하는 것'을 뜻한다. 미래를 뜻하는 '예'(豫)가 아니라 맡긴다는 의미의 '예'(預)다. 여기에는 과거를 회상하는 말씀, 현재의 상태를 보여주며 책망하는 말씀, 그리고 다가올 종말의 심판과 미래의 선택을 촉구하는 말씀이 모두 들어 있다. 중요한 것은 이런 말씀 가운데 교회와 요한을 향한 하나님의 뜻을 깨닫는 것이다. 과거, 현재, 미래를 통해 하나님이 예언의 말씀을 주시는 목적은 현재의 삶에 닥친 고난을 인내하며 굳건하게 믿음을 잘 지켜나가도록 하기 위한 것이다. 초점이 오늘에 있다. 그래서 말씀을 "읽는 자와 듣는 자들과 그 가운데 기록한 것을 지키는 자들"이 복이 있다. 정확하게는 '읽는 자와 듣고 지키는 자들'이다. '읽는 자'가 예배 때 계시록 말씀을 낭독하는 봉독자라면, '듣고 지키는 자들'은 믿음으로 분투하는 교회의 성도들이다. 계시록 말씀의 최종 목적은 듣고 지키는 데 있다.

요한은 예수께서 말씀하신 대로 아시아 일곱 교회에 보낼 편지를 기록하며 당시의 편지 인사형식을 따라 안부를 전한다.

"요한은 아시아에 있는 일곱 교회에 편지하노니 이제도 계시고 전에도 계셨고 장차 오실 이와 그의 보좌 앞에 있는 일곱 영과 또 충성된 증인으로 죽은 자들 가운데에서 먼저 나시고 땅의 임금들의 머리가 되신 예수 그리스도로 말미암아 은혜와 평강이 너희에게 있기를 원하노라"(계 1:4-5).

이러한 안부 인사는 요한계시록이 서신서임을 잘 보여준다. 특히 '은혜와 평강'을 기원하는 인사말은 신약성경 서신서에 등장하는 전형적인 표현들이다(롬 1:7, 고전 1:3, 고후 1:2, 갈 1:3, 엡 1:2, 빌 1:2, 골 1:2, 살전 1:1, 살후 1:2, 딤전 1:2, 딤후 1:2, 딛 1:4, 몬 1:3, 벧전 1:2, 벧후 1:2).

참고로 '아시아'는 오늘날 우리가 아는 아시아 대륙이 아니다. 1세기 로마제국은 터키 지역을 '동쪽의 땅'이라는 뜻으로 '아시아'라고 불렀다. 예수께서 편지하라고 구체적으로 언급한 일곱 교회는 놀랍게도 그 당시에 건설된 로마가도를 따라 시계 방향으로 있는 교회들이다. 사도 요한이 보낸 편지가 밧모섬에서 출발하여 먼저 에베소 항구에 도착하고, 여기서부터 북동쪽으로 시계 방향으로 돌면 서머

버가모
베르가마
차낙칼레
소마
발륵에시르
크눅
크르카아치
아크히사르
두아디라
알리아아
메네멘
마니사
우샥
이즈미르
서머나
사르트
사데
빌라델비아
알라쉐히르
사르골
타흐발르
에베소
셀축
게르멘직
아이든
나질리
불단
파묵칼레
쿠샤다스
라오디게아
라오디카
보드룸
무을라
데니즐리

요한계시록의 7대 교회 약도

나, 버가모, 두아디라, 사데, 빌라델비아, 라오디게아를 거친다. 예수께서는 이 지역 교회들의 지리적 특징과 처한 상황을 정확하게 알고 계셨던 것이다.

일곱 교회를 향한 메시지 (1)

: 에베소, 서머나, 버가모, 두아디라

✳ 에베소교회 계 2:1-7

예수께서는 먼저 에베소교회를 향해 말씀하신다. "나는 네가 한 일과 네 수고와 인내를 알고 있다"(계 2:2 참조). 에베소교회는 커다란 위기에 직면해 있었다. 무엇보다 교회를 이끌던 영적 지도자 사도 요한을 잃은 상태였다. 게다가 교회를 향한 제국의 박해는 극심했고 조직적이었다. 이렇게 영적 핍박이 심한 이유 중 하나는 에베소 도시의 영적 특성 때문이었다.

에베소는 도시 전체가 아데미 우상을 열렬히 섬겼다. 에베소 외곽에 세워진 아데미 신전은 세계 7대 불가사의로 알려질 정도로 그 규모가 어마어마했다. 신전의 길이가 130m, 넓이 67m에 천장 높이가 무려 18m에 이르렀으며, 천장을 떠받치는 기둥만 127개였다. 에베소의 아데미 신전은 고대 헬라에서 가장 큰 신전이었다. 어떻게

에베소의 아데미 신전 상상도

이런 웅대한 규모의 신전을 당시의 기술로 지을 수 있었을까? 분명한 점은 그만큼 많은 부와 자원이 아데미 신전 건축에 동원되었다는 사실이다.

　에베소 곳곳에 세워진 아데미 신상은 그 생김새가 특이하다. 가슴에는 많은 유방이 달려 있고, 하반신에는 많은 아기가 달려 있다. 이는 다산과 풍요를 상징한다. 고대 세계에 다산과 풍요는 모든 이들이 희구하는 최고의 복이었다. 아데미 신전은 이 땅에서 복 받기를 원하는 이들로 늘 북적거렸다. 당시 아데미 신전을 섬기는 사제만 수천 명에 달했을 정도다. 하지만 이것이 다는 아니었다. 에베소는 황제 숭배로도 유명했다. 특히 도미티아누스 황제가 통치하던 주후 81~96년 동안 에베소는 '황제 숭배의 수호자'라는 명예로운 호

많은 유방과 많은 아기가 달려 있어 다산과 풍요를 상징했던 아데미 여신상. 이런 아데미 여신을 에베소 사람들은 '큰 여신'이라고 불렀다(바티칸 박물관, 바티칸시국).

칭을 얻었을 정도였다. 이런 상황에서 요한이 체포되었던 것은 어쩌면 당연한 일일지도 모른다. 이런 절망스러운 때에 예수님은 믿음으로 분투하는 에베소교회를 향해 말씀하신다. 먼저 예수님은 에베소교회의 수고와 인내를 칭찬하신다.

> "내가 네 행위와 수고와 네 인내를 알고 또 악한 자들을 용납하지
> 아니한 것과 자칭 사도라 하되 아닌 자들을 시험하여 그의 거짓
> 된 것을 네가 드러낸 것과 또 네가 참고 내 이름을 위하여 견디고
> 게으르지 아니한 것을 아노라"(계 2:2-3).

에베소교회는 교회 내에 악한 자들을 용납하지 않았다. 스스로 사도라 자처하는 자들을 시험하여 그들이 거짓말쟁이라는 사실을 발견한 것이다. 교인들은 당시 교회를 어지럽혔던 니골라당이 하는 일을 미워하고 적극적으로 대처했다. '니골라당'은 버가모교회에도 침투했던 이들로 거짓 교훈을 가르치고 따랐던, 교회를 혼란하게 하던 이들이었다. 이들은 성도들로 우상의 제물을 먹게 하였고 영적 행음인 우상 숭배를 부추겼다(계 2:14-15). 에베소교회는 이런 가운데서도 니골라당의 거짓 가르침을 경계하고 인내하며 고난을 견뎌냈다. 믿음의 선한 싸움을 싸우며 수고하는 가운데 낙심하지 않았다.

하지만 에베소교회는 교회 안에 들어온 이단과 치열하게 싸우다 보니 어느덧 그 마음에 사랑을 잃어버렸다. 무엇을 하든지 그리스도를 사랑함으로 해야 했는데, 어느덧 사랑이 식고 가슴이 냉랭해졌

다. 예수께서는 에베소교회가 처음 사랑을 버렸음을 책망하며, 첫사
랑을 버린 지점이 어디인지를 생각하고 회개하여 다시 처음 행위를
가지라고 경고하신다.

"그러나 너를 책망할 것이 있나니 너의 처음 사랑을 버렸느니라.
그러므로 어디서 떨어졌는지를 생각하고 회개하여 처음 행위를
가지라"(계 2:4-5).

사랑은 자신도 모르게 행위로 배어 나오게 되어 있다. 사랑으로
행했던 에베소교회의 행위가 변질하자 예수님은 니골라당의 미혹에
지는 자가 아니라 믿음의 분투, 사랑의 분투에서 이기는 자가 되라고
말씀하신다. 더 나아가 '이기는 그'에게는 "하나님의 낙원에 있는 생
명나무의 열매를 주워 먹게 하겠다"고 약속하신다(계 2:7). '이기는
자'는 '이긴 자'가 아니다. 지금 믿음의 선한 싸움을 싸우며 날마다
이기는 중에 있는 자를 말한다. 에베소교회가 첫사랑과 처음 행위를
회복한다면 이들은 생명나무의 열매를 먹게 될 것이다. 생명나무 열
매는 아담의 타락 이래로 금지된 열매였다(창 3:22). 그러나 이제 이
열매가 승리하는 교회에 약속되었다. 에베소교회는 그리스도 안에
주어진 하나님 나라의 충만한 생명에 참여하여 하나님의 지속적인
임재 가운데 영생을 맛보며 살아갈 것이다. 더 나아가 에베소교회는
승리하여 장차 새 하늘 새 땅에서 풍성하게 열리는 생명나무 열매를
맛볼 것이다(계 22:2).

✱ 서머나교회 계 2:8-11

　　　요한이 일곱 교회를 향하여 쓴 계시록 편지는 에베소에서 출발하여 북쪽으로 56km 떨어져 있는 아름다운 항구 도시 서머나로 전달된다. 서머나는 당시 이미 티베리우스 황제를 위한 신전을 건축할 정도로 황제 숭배를 열심히 하였던 도시다(주후 26년).

　　이런 도시에 복음이 들어가고 교회가 세워진다는 것은 놀라운 하나님의 능력이었다. 이곳은 전에 사도 요한의 제자 폴리캅이 목회하고 있었다. 폴리캅은 힘 있게 복음을 증거하였고, 서머나의 많은 이들이 그리스도께 돌아오고 있었다. 평소 유대교에 깊은 관심을 두고 하나님을 경외하던 이방인들(God-fearer)도 기독교로 개종하는 일이 빈번했다. 이는 유대인의 위기의식을 자극했고 질투와 분노를 촉발했다.

　　당시 로마는 유대인을 향해 관용정책을 베풀었다. 이들의 풍습과 배타적 신앙을 인정하여 여호와 하나님을 섬기는 것을 인정해주었다. 이에 대해 유대인들은 황제를 신으로까지 숭배하지는 않았지만 통치자로서 존중하여 제물을 바치는 것을 인정하였다. 이렇게 유대인들은 제국과 평화를 이루며 공존하였다. 원래 제국은 유대인과 기독교도들을 같은 부류로 보아 기독교인의 신앙에도 관용을 베풀었다. 그러나 유대인들은 기독교인은 자신들과 다른 부류의 무리라고 제국을 설득했다. 이들은 십자가에 못 박혀 죽은 죄인을 메시아로 경배하며, 제국이 추구하는 평화를 파괴하고, 황제 숭배를 거부

서머나교회에 있는 폴리캅 순교 장면 성화

하는 자들이라고 고소하기 시작했다. 로마제국은 유대인들의 설득력 있는 고발로 태도를 바꿔 교회를 핍박하기 시작했다.

　제국은 유대인들의 비방과 고발로 서머나교회의 지도자인 폴리캅을 체포했다. 서머나교회에 전해 내려오는 전승에 따르면, 폴리캅은 로마 집정관 앞에 끌려가 황제의 이름으로 맹세하고 그리스도를 욕하라는 명령을 받았다. 그러자 폴리캅은 다음과 같이 말하며 명령을 거부했다. "내가 86년간 그리스도를 섬기며 그가 절대로 나에게 해를 입힌 적이 없는데 어떻게 내가 왕이요 구주이신 그분을 욕할 수 있습니까?" 결국 폴리캅은 화형을 받는다. 이때 놀라운 일이 일어났다. 처형 중에 하나님의 특별한 보호하심이 나타나 불길이 폴리캅을 피하여 타는 것이었다. 현장에 있던 모든 이들이 놀라며 두려워했다. 그러자 집정관은 단검으로 그를 찌를 것을 명령하였다. 많은 양의 피가 쏟아졌고 그는 순교하였다.

서머나교회를 핍박했던 유대인들은 겉으로는 하나님을 경외하는 경건한 선민이었다. 그러나 그들의 실체는 유대인이 아니라 성도들을 죽음에 내주는 사탄의 하수인이었다고 우리 주 예수님이 말씀하신다.

"내가 네 환난과 궁핍을 알거니와 실상은 네가 부요한 자니라. 자칭 유대인이라 하는 자들의 비방도 알거니와 실상은 유대인이 아니요 사탄의 회당이라"(계 2:9).

유대인의 회당은 사탄의 회당이다! 사탄의 쓰임을 받는 하수인의 모임인 것이다. 서머나교회를 향한 이들의 집요한 공격에 예수께서는 "장차 받을 고난을 두려워하지 말라"고 하시며, 마귀가 몇몇 성도들을 감옥에 던져 시험을 받게 한다고 하더라도 이 환난은 '십 일 동안'이 될 것이라 말씀한다(계 2:10). 십 일은 가혹하지만 제한된 기간을 뜻한다. 그러니 끝까지 죽도록 충성하라고 하신다. 죽도록 충성하라는 것은 죽기까지, 죽을 정도로 '신실하라'는 뜻이다.

예수께서는 이런 이들에게 새 하늘 새 땅에서 영광스러운 생명의 관(the crown of life)을 약속하신다(계 2:10). '관'(crown)은 당시 경주에서 승리한 경주자나 전쟁에서 큰 전과를 올린 장수에게, 또 많은 이들의 존경을 받던 모범시민이 죽었을 때 영예를 인정하는 표시로도 수여했다. 예수께서 주시는 관은 환난과 시험 앞에 끝까지 신실하게 견뎌낸 성도에게 수여하는 존귀와 영예와 권세를 인정하는 관이었다. 이 관이 '생명의 관'인 것은 장차 다가올 하나님 나라에서 맛볼 새 시대의 영원한 생명을 상징하는 영광스럽고 존귀한 것이기 때문이다.

✳ 버가모교회 계 2:12-17

예수께서는 이제 서머나에서 북쪽으로 약 110km 떨어진 버가모교회를 향해 말씀하신다. 예수님은 버가모교회가 사는 곳이 '사탄의 권좌'가 있는 곳이라고 말씀하신다.

"네가 어디에 사는지를 내가 아노니 거기는 사탄의 권좌가 있는 데라"(계 2:13).

사탄의 권좌는 버가모의 독특한 지형에서 기인한다. 버가모 도심 중앙에 약 355m의 높이로 우뚝 솟은 언덕은 천연 안산암으로 이루어진 테이블(Mesa) 지형을 형성했다. 여기에 경사 80도로 깎여진 원형극장이 세워졌고, 꼭대기 부분에는 웅장한 온갖 신전들과 성채로 이루어진 아크로폴리스가 세워졌다. 무엇보다 이곳에는 로마 황제의 신전이 우뚝 솟아 있었다. 버가모는 지형 자체가 마치 사탄의 권좌와 같이 온갖 우상을 섬기며 살도록 분위기를 조성하고 있었다. 이곳의 신전 감독자는 로마제국으로부터 '네오코로스'(황제의 신전 지기, 또는 신전의 대사제)란 영예로운 칭호를 세 번이나 얻은 적이 있을 정도였다.

놀라운 점은 이런 도시에 복음이 들어가 충성된 증인들이 세워졌고, 심지어 순교를 당하는 일까지 일어났다는 사실이다. 대표적인 인물이 '안디바' 다(계 2:13). 교회의 전승에 따르면 안디바는 잔혹한 처형도구인 놋쇠 황소 안에서 불에 타 죽은 것으로 알려졌다.

충성되고 신실한 믿음을 가진 버가모교회는 예수님의 칭찬을 받을 만했다. 그러나 동시에 염려되는 부분이 있었다. 그것은 교묘한 거짓 가르침에 미혹 당하여 빠지는 이들이 생긴 것이다. 거짓 교훈을 가르치는 이들은 니골라당이었다. 이들은 앞서 에베소에도 침투하여 성도들을 미혹했던 바 있다. 그랬던 이들이 이제 사탄의 권좌가 있는 버가모교회에 침투하여 하나님을 떠나 우상 숭배를 부추겼다. 예수께서는 니골라당의 교훈을 따르는 이들을 '발람의 교훈'을 지키는 자들이라고 말씀하신다.

"거기 네게 발람의 교훈을 지키는 자들이 있도다. 발람이 발락을 가르쳐 이스라엘 자손 앞에 걸림돌을 놓아 우상의 제물을 먹게 하였고 또 행음하게 하였느니라"(계 2:14).

발람은 모압 왕 발락의 부탁을 받고 이스라엘 백성들이 모압 지

버가모 도심 중앙에 약 355m의 높이로 우뚝 솟은 언덕인 테이블 지형

역을 통과하여 가나안 땅으로 가려 할 때 이스라엘로 우상의 제물을 먹고 행음하게 만들었던 거짓 선지자였다(민 22:5-24:25). 이 일로 하나님은 이스라엘 백성들에게 진노하셨고, 곧이어 대대적인 징계가 임했다. 염병이 퍼져 2만 4천 명의 이스라엘 자손들이 순식간에 죽어 나갔던 것이다. 이스라엘에게 발람의 교훈은 교묘하고 치명적인 거짓 교훈을 따랐다가 큰 위기에 빠졌던 생각하기도 싫은 끔찍한 경험이었다.

이처럼 치명적 독성을 가진 거짓 가르침이 버가모교회에도 조금씩 퍼져나갔고, 이를 따르는 이들이 생겨났다. 예수께서는 이들에게 속히 회개할 것을 촉구하시며, 그렇지 않을 때 그의 입에서 나오는

지진으로 파괴되어 그 형태만 남은 버가모교회 유적

좌우에 날선 검으로 싸우겠다고 경고하신다(계 2:16). 이는 교회로 먼저 회개하고, 바른 분별력을 갖고 거짓 교훈을 물리치며, 여기에 빠진 이들과 맞서 싸우라는 촉구이기도 하다. 이와 함께 예수께서는 이러한 믿음의 싸움을 싸우는 이들에게 약속하신다.

"이기는 그에게는 내가 감추었던 만나를 주고 또 흰 돌을 줄 터인데 그 돌 위에 새 이름을 기록한 것이 있나니 받는 자 밖에 알 사람이 없느니라"(계 2:17).

만나는 출애굽 이후 이스라엘이 광야를 통과할 때 하늘에서 내렸던 생명의 양식이다. 이 양식이 신약시대에는 생명의 떡 되신 예수님을 통해 주어졌다(요 6:35,48). 거짓 교훈을 물리치며 날마다 싸워 이기는 성도들에게 예수께서는 니골라당을 따르는 이들은 맛보지 못할 넘치는 하늘의 생명을 주실 것이다. 이는 니골라당의 거짓 교훈을 따르는 이들에게는 감추어졌다. 오직 전심으로 그리스도를 따르며 믿음의 분투를 수행하는 성도들에게만 주어질 것이다.

또 예수께서는 새 이름을 기록한 흰 돌을 약속하신다. 흰 돌은 당시 화산 암석이 많은 버가모 지역에서 특별한 잔치의 초대권으로 사용되었다. 돌에는 초대하는 사람의 이름이 새겨져 있었고 초대받은 사람에게만 개인적으로 전달되었다. 따라서 새 이름이 새겨진 흰 돌을 받는다는 것은 어린 양의 영광스러운 혼인 잔치에 참여하는 자격을 부여받는 것이다. 그렇다면 초대장에 기록된 새 이름은 무엇일까? 그것은 받은 사람만이 알 수 있을 것이다.

✳ 두아디라교회 계 2:18-29

예수께서는 이제 버가모에서 사데로 가는 로마가도를 따라 남동쪽으로 65km 떨어진 두아디라교회를 향하여 편지를 보내신다. 두아디라는 내륙 상업도시로 알려진 곳이다. 예수님은 두아디라교회에 자신의 특별한 모습을 나타내신다. 그것은 "그 눈이 불꽃 같고 그 발이 빛난 주석과 같은 하나님의 아들"(계 2:18)의 모습이다. '빛난 주석'은 구리와 아연의 합금으로 전쟁 무기를 만드는 강력한 금속재료다. 당시 두아디라에는 금속 상업조합(길드) '빛난 주석'이 있었는데, 이들은 두아디라를 전략적 요충지로 삼고 방어하던 로마 군대에 무기재료로 주석을 공급하였다. 끊임없는 정복 세력들의 약탈로 불안정하였던 두아디라는 주전 1세기 로마가 이곳을 군사적 전략도시로 삼으면서 안정을 찾았고, 그 영향으로 상업과 제조업이 융성한 도시로 번성하였다.

왕성한 경제활동은 주로 상업조합인 길드를 통해 이루어졌다. 길드는 저마다의 수호신을 갖고 있었는데, 정기적인 축제가 되면 항상 수호신과 로마 황제에게 제사하고 이교의식을 거행하였다. 만약 신앙을 이유로 참여를 거절하면 그 사람은 신용을 잃고 조합에서 배제될 위험을 감수해야 했다. 이런 와중에도 두아디라의 성도들은 인내하며 사랑과 믿음으로 그리스도를 섬겼다. 이러한 섬김과 충성은 갈수록 약화되기는커녕 더해졌다. 이런 두아디라를 향하여 예수께서는 그동안 이들이 감당해왔던 "사업과 사랑과 믿음과 섬김과 인내를 안다"라고 칭찬하셨다(계 2:19).

그러나 예수님은 이들에게 책망할 일도 있음을 지적하신다. 그것은 자칭 여선지자라 하는 이세벨을 허용한 일이었다(계 2:20). 이세벨은 원래 북왕국 아합 왕의 아내로, 온 이스라엘을 미혹하여 하나님을 저버리고 바알과 아세라를 섬기도록 했다. 이처럼 '자칭 여선지자 이세벨'은 두아디라교회를 미혹하여 그리스도를 저버리고 이방신 제의에 참여하여 제물을 먹도록 부추겼다. 예수님은 그녀에게 회개

흔적만 남아 있는 두아디라교회의 기둥과 터

의 기회를 주셨다(계 2:21). 그러나 그녀는 회개하지 않고 계속해서 교인들을 미혹했다. 예수님은 이세벨과 그녀를 따르는 이들에게 각각의 행위대로 큰 심판이 있을 것을 경고하셨다(계 2:22-23).

감사한 것은 두이디라교회 전체가 이세벨에 휩쓸리지 않았다는 점이다(계 2:24). 예수님은 휩쓸리지 않은 성도들에게 신앙을 굳게 지키며 사탄의 유혹과 공격에 끝까지 싸워 이기며 인내할 것을 권면하신다. 그런 이들에게 예수께서는 두 가지 놀라운 약속을 주신다.

먼저는 만국을 다스리는 권세다(계 2:26). 이들은 철장을 가지고 만국을 다스릴 것인데, 철장은 철 막대기(an iron rod)란 의미와 철로 된 왕의 홀(an iron scepter)이란 의미가 있다. 철 막대기는 양을 위험에 빠뜨리는 짐승을 물리치기 위해 표면을 철로 도금한 목자의 무기다. 홀은 왕의 통치 권세를 상징하는 지휘봉이다. 본문의 철장은 이 두 가지 의미가 결합하여 원수를 물리치고 만국을 심판하는 권세를 의미한다.

둘째는 성도에게 '새벽 별'을 줄 것이라고 약속하신다(계 2:28). 이는 "한 별이 야곱에게서 나오며 한 규가 이스라엘에게서 일어날 것"을 예고한 민수기(24:17) 예언에 근거한다. 여기서 별은 홀과 같은 통치의 상징을 나타낸다. '새벽 별'은 메시아적 통치를 상징한다. 끝까지 이기는 성도들은 예수께서 재림하실 때 예수님과 함께 메시아적 통치에 참여하며 왕 노릇을 하게 될 것이다(계 5:10 참조).

일곱 교회를 향한 메시지 (2)

: 사데, 빌라델비아, 라오디게아

✱ 사데교회 계 3:1-6

　　　예수께서는 두아디라에서 남동쪽으로 약 56km 떨어져 있는 사데교회를 향하여 메시지를 보내신다. 사데는 금이 풍부하여 최초로 금화와 은화를 주조한 도시로, '황금의 사데'라는 별명을 갖고 있었다. 거기에다 양모산업이 발달한 부유한 도시였다. 천혜의 자연환경으로 삼면이 깎아지른 듯한 벼랑으로 둘러싸여 오랜 세월 지리적인 안정을 구가하기도 하였다.

　　그랬던 것이 주전 547년 페르시아의 고레스 왕과의 전투에서 한순간에 무너졌다. 이후 주전 214년에도 수리아의 안티오커스 3세에 의해서 또다시 무너졌다. 두 번 다 보초를 서는 병사가 성읍의 안전을 과신하고 경계를 게을리 서다 그만 비밀통로가 발각되어 뚫린 것이다. 그러다 주후 17년경 갑자기 일어난 커다란 지진으로 사데는

사데교회 전경. 산과 절벽으로 둘러싸여 있다.

무너져 내렸다. 이때 로마제국은 사데의 재건을 광범하게 지원하였고, 도시는 다시 이전의 활기를 찾아가고 있었다. 이런 사데에 복음이 들어가 교회가 세워졌다. 이곳에서 목회했던 첫 목회자는 바울의 제자였던 글레멘트였다(빌 4:3).

사데교회는 부유한 도시에 세워져서 그랬는지 겉으로 볼 때는 안정적으로 잘 세워진 것 같았다. 그러나 '하나님의 일곱 영과 일곱 별'을 가지신 예수께서는 이 모든 상황의 깊은 것을 꿰뚫어 보셨다. 일곱은 완전수로, 일곱 영이란 하나님의 완전하신 성령을 의미한다. 구약성경 스가랴서에서 일곱 영은 온 세상을 두루 꿰뚫어 보는 일곱 눈으로도 묘사되는데, 이는 모든 것을 감찰하고 아는 하나님의 영을

사데교회와 아데미 신전. 사데교회 바로 옆의 기둥이 아데미 신전 터다.

의미한다(슼 4:10). 예수께서는 하나님의 성령으로 각 교회의 깊은 것을 통찰하며, 각 교회를 붙들고 대표하는 천사들도 지휘하신다. 이런 예수님은 사데교회의 상황을 정확하게 진단하셨다.

"내가 네 행위를 아노니 네가 살았다 하는 이름은 가졌으나 죽은 자로다"(계 3:1).

사데교회는 겉으로는 멀쩡해 보였다. 그러나 그 내면은 거의 죽은 상태나 마찬가지였다. 죽었다는 최종 사망선고가 얼마 남지 않았을 정도로 심각했다. 그토록 화려하고 부강했던 도시가 한순간에 무너져 내렸던 것처럼 사데교회도 이대로 가다가는 한순간에 무너지고 말 것이다. 예수께서는 세 가지로 경고하신다.

첫째, 일깨워야 한다(계 3:2). 이는 깨어 있는 상태를 유지하라는 뜻이다.

둘째, 남은 바 죽게 된 것을 굳건하게 해야 한다(계 3:2). '죽게 된 것'은 아직 죽지는 않았지만 거의 죽을 지경에 이른 상태를 말한다. 비록 교회가 거의 죽은 상태에 있어도 아직 살아 있는 이들을 붙들고 다시 교회를 굳건하게 세워가야 한다는 뜻이다.

셋째, 처음 받았던 신앙을 기억하고, 지키며, 회개해야 한다(계 3:3).

이러한 변화가 조만간 일어나지 않으면 사데 성읍이 함락되었던 것처럼 사데교회도 곧 그리스도의 심판대 앞에 서게 될 것이다. 심판 여부는 사데교회의 회개 여부에 달렸다.

이런 위기 상황에서도 예수께서는 사데교회의 소망을 아직 그 옷을 더럽히지 않은 '몇 명'의 성도에게 두신다(계 3:4). 이들은 거룩하고 순결하게 신앙을 지켜가는 자들이다. 이들은 장차 거룩한 승리의 흰 옷을 입고 그리스도와 함께 다닐 것이다. 이렇게 믿음의 선한 싸움을 싸워 이겨 나가는 자들은 그들의 이름이 생명책에 기록될 것이고, 하나님과 천사들 앞에서 인정받을 것이다(계 3:5).

이러한 약속은 예수께서 이 땅에 계실 때 제자들에게 하셨던 말씀을 생각나게 한다. "누구든지 사람 앞에서 나를 시인하면 나도 하늘에 계신 내 아버지 앞에서 그를 시인할 것이요 누구든지 사람 앞에서 나를 부인하면 나도 하늘에 계신 내 아버지 앞에서 그를 부인하리라"(마 10:32-33). 사데교회의 희망은 믿음의 분투를 치열하게 수행하는 남은 소수의 성도에게 있었다. 예수님은 이들을 통하여 온 교회가 다시 일어날 것을 기대하신다.

✳ 빌라델비아교회 계 3:7-13

이어 예수님은 사데에서 남동쪽으로 약 50km 떨어진 빌라델비아교회를 향하여 편지하신다. 빌라델비아는 사랑을 의미하는 '필로스'와 형제를 의미하는 '아델포스'가 결합된 단어로 '형제사랑'을 뜻한다. '빌라델비아'라는 이름은 이 지역의 통치자였던 버가모의 에우메네스 2세와 동생 아탈루스 사이에서 일어난 아름다운 형제애에서 기원한 이름이다. 동생 아탈루스는 정치적 위기 가운데서도 끝까지 형을 배반하지 않고 신의를 지켰다. 이런 신실함이 빌라델비아교회에도 있었던 모양이다. 예수님은 책망 일색이었던 사데교회와는 달리 빌라델비아교회에 대해서는 칭찬만 하셨다.

"내가 네 행위를 아노니 네가 작은 능력을 가지고서도 내 말을 지키며 내 이름을 배반하지 아니하였도다"(계 3:8).

빌라델비아교회는 당시 그 지역에 있던 유대인 회당에 의해 큰 어려움을 겪고 있었다. 유대인들은 빌라델비아교회를 지역사회에서 축출하려고 많은 핍박을 가했다. 이런 가운데서도 빌라델비아교회는 비록 능력은 적고 연약했지만 끝까지 신앙을 저버리지 않고 예수님의 말씀을 인내하며 지켜냈다. 이런 빌라델비아교회에 예수께서는 자신을 "거룩하고 진실하사 다윗의 열쇠를 가지신 이"라고 밝히신다(계 3:7). 그리스도가 하나님 나라에 들어가고 말고를 결정할 수 있는 결정적인 권세를 갖고 계신 분이라는 뜻이다. 비록 유대인들이 빌라델비아의 디아스포라 유대 그리스도인들을 회당에서 쫓아냈지만, 메시아의 나라에 들어갈 때 그리스도는 빌라델비아 성도들에게는 문을 열어두지만 유대인들이 들어오는 문은 닫아버릴 것이다. 유대인들이 모인 회당의 실체는 '사탄의 회당'이기 때문이다(계 3:9). 그가 열면 닫을 사람이 없고 그가 닫으면 열 사람이 없다.

예수께서는 인내하며 주의 말씀을 지키는 빌라델비아교회를 지켜주시고 장차 온 세상에 임할 시험의 때에 이들을 지켜 면제해주실 것이다(계 3:10). 예수께서는 빌라델비아교회에 끝까지 믿음을 굳게 잡고 신앙의 분투로 이길 것을 격려하신다. 이기는 자는 하나님 성전의 기둥이 되게 하실 것이다(계 3:12). 이러한 약속은 주후 17년 지진으로 이방 신전들의 기둥이 무너짐을 경험했던 빌라델비아의 상황과 대조된다. 이때 많은 사람이 죽고 도심 외곽으로 이주했다. 하지만 예수께서는 끝까지 믿음의 분투로 승리하는 이들에게 절대로 무너지지 않을 하늘 성전의 기둥이 되게 하여 영구적인 안정과 든든함을 주실 것을 약속하신다.

빌라델비아교회. 지진으로 기둥만 남아 있다.

또 예수께서는 이런 기둥 같은 성도들에게는 하나님의 이름과 새 예루살렘의 이름과 예수님의 새 이름을 기록할 것이라고 약속하신다 (계 3:12). 하나님의 이름을 기록하는 것은 그가 하나님께 속한 자녀가 됨을 의미한다. 새 예루살렘의 이름을 기록함은 그가 새 예루살렘의 합법적인 백성이 됨을 의미한다. 새 이름은 예수 그리스도의 재림때 주실 "모든 이름 위에 뛰어난 이름"(빌 2:9)이자, "여호와의 이름으로 정하실 새 이름"(사 62:2)이며, "자기밖에 아는 자가 없는 이름" (계 19:12)이 될 것이다. 이는 만왕의 왕이자 만주의 주이신 예수님의 인격과 능력과 사역에 동참하여 새로운 자격을 얻을 것을 의미한다.

겉보기에 힘없고 연약했던 빌라델비아교회는 예수께서 보시기에 너무나도 존귀했다. 책망이 없고 칭찬만 가득했다. 이것은 이들의 능력 때문이 아니라 신실함 때문이었다. 예수님의 말씀을 지키는 것은 능력의 많고 적음의 여부 이전에 신실함과 충성의 문제이다. 우리가 신실할 때 우리는 능력이 적고 연약하더라도 내게 능력 주시는 자 안에서 넉넉히 승리할 수 있다(빌 4:13). 빌라델비아교회는 이런 사례의 모델이었다.

✳ 라오디게아교회 계 3:13-22

끝으로 예수님은 라오디게아교회에 편지하신다. 빌라델비아교회와는 달리 예수께서는 라오디게아교회의 영적 상황을 안타까워하며 분발을 촉구하신다.

> "내가 네 행위를 아노니 네가 차지도 아니하고 뜨겁지도 아니하도다. 네가 차든지 뜨겁든지 하기를 원하노라. 네가 이같이 미지근하여 뜨겁지도 아니하고 차지도 아니하니 내 입에서 너를 토하여 버리리라"(계 3:15-16).

라오디게아교회는 영적으로 미지근했다. 예수님의 이 말씀은 라오디게아 도시의 현실을 반영한 것이다. 라오디게아는 도시에 필요한 물을 공급받기 위해 인근 리쿠스 계곡의 강물을 끌어들였다. 그러나 강물은 라오디게아 도시 부근에서 갑자기 유속이 느려져 도시

라오디게아 히에라폴리스 지역의 온천 파묵칼레

까지 물을 끌어오는 데 어려움이 있었다. 게다가 무덥고 건조한 여름이면 강이 바닥을 드러내 완전히 말라버리곤 했다.

이런 어려움을 타개하기 위해 라오디게아는 인근 북쪽의 히에라폴리스와 동쪽의 골로새에서 물을 끌어오는 수로를 건설했다. 히에라폴리스에서 끌어오는 물은 광물이 많이 함유된 온천수였다. 물이 처음 나올 때는 그 온도가 뜨거웠지만 지름 90cm, 길이 10km의 수로를 타고 라오디게아에 도착할 무렵이 되면 열기가 식었다. 그 식은 미지근한 물에서는 비리고 역한 광물 냄새가 진동했다. 때로는 구역질이 날 정도였다.

이와는 달리 골로새에서 끌어오는 물은 이런 면에서 더 나았다.

골로새 인근 남쪽에 있는 카드모스 산에는 차가운 계곡물이 흐르고 있었는데 라오디게아는 여기에 수로를 건설했다. 하지만 그 길이가 무려 18km로 히에라폴리스에서 끌어오는 수로의 거의 두 배였다. 땡볕을 쬐며 라오디게아에 도착한 물은 미지근해졌다. 온천물보다는 낫지만 그다지 유쾌하지는 않았다.

예수께서는 라오디게아교회에 이런 미지근한 영적 상태로는 입에서 토해낼 것이라고 말씀하신다(계 3:16). 미지근한 상태를 토해낸다는 것은 당시 귀족들의 연회의 관행을 반영한다. 연회에 참여한 참가자가 음식을 너무 많이 먹으면 미지근한 물이나 포도주를 삼킨 후에 토해내곤 했기 때문이다.

그렇다면 라오디게아교회가 이렇게 미지근한 상태가 된 이유는 무엇일까? 그것은 물질적인 부유함 때문이었다. 라오디게아교회는 스스로 "나는 부자라. 부요하여 부족한 것이 없다"고 공공연히 선언하고 다녔다(계 3:17). 당시 라오디게아는 거대한 지진으로 도시가 무너졌을 때 로마제국의 도움을 거절하고 자신의 힘으로 도시를 재건할 정도로 막강한 부를 축적하고 있었다(주후 61년경).

도시는 사통팔달한 지리적 요충지에 자리 잡았고 의료산업이 발달했다. 특히 눈의 질병을 치료하는 '브루기아 안약'은 유명했고 많은 환자를 끌어들였다. 게다가 이 지역에서 생산하는 윤기 있고 부드러운 흑양모는 유명한 특산품이었다. 또 주전 133년 로마가 이 지역을 다스린 이래 한 번도 반란을 일으키지 않아 정치적 안정을 구가하고 있었다. 이러한 요소들을 배경으로 주전 50~51년경 라오디

라오디게아의 골로새 인근 남쪽에 있는 카드모스 산 전경

게아는 주변의 히에라폴리스와 골로새를 제치고 행정, 사법, 금융의 중심지로 부상하며 부유한 도시가 되었다. 예수께서는 라오디게아 교인들의 신앙생활 역시 이러한 도시 분위기의 영향력 아래 있음을 보셨다. 예수께서 꿰뚫어 보시는 이들의 영적 실체는 이와는 정반대였다. 이들은 겉으로 보이는 것과는 달리 영적으로 곤고하고 가련했으며, 가난하고 눈멀고 벌거벗은 상태였다(계 3:17).

이에 예수님은 이들에게 세 가지로 간곡히 권면하신다(계 3:18).

첫째, 불로 연단한 금을 예수께 사서 부요하게 하라. 이는 그의 말씀을 끝까지 충성되게 붙들고 살다 당하는 고난과 연단을 통해 정금과 같이 단단하고 아름다운 믿음을 소유하라는 뜻이다.

둘째, 흰 옷을 사서 벌거벗은 수치를 보이지 않게 하라. 벌거벗

라오디게아교회의 옛터

은 수치란 우상 숭배에 대한 하나님의 심판을 의미한다. 라오디게아
교회는 우상 숭배를 버리고 예수님의 피를 의지하여 정결하고 순결
한 믿음을 회복해야 한다.

　셋째, 안약을 사서 눈에 발라 보게 하라. 이는 이 지역의 '브루기
아 안약'을 떠올리게 하는 표현이다. 안약으로 육신의 눈만 낫게 할
것이 아니라 영적으로 어두워진 눈을 치유하여 분별력을 회복하라
는 뜻이다. 예수께서는 이들로 회개하고 다시 열심을 내라고 격려하
며, 라오디게아교회를 이전의 친밀한 관계로 초대하신다.

　"볼지어다. 내가 문 밖에 서서 두드리노니 누구든지 내 음성을 듣
　고 문을 열면 내가 그에게로 들어가 그와 더불어 먹고 그는 나와

더불어 먹으리라"(계 3:20).

예수께서는 어느 덧 문을 닫고 예수님을 자신들의 삶에서 밀어
낸 라오디게아교회에 다가와 기다리며 문을 두드리신다. 예수께서
는 이전처럼 예수님 안에서 그와 연합하여 생명을 나누는 친밀한 인
격적인 관계를 회복하길 원하신다. 이와 더불어 이러한 믿음의 분투
를 끝까지 싸워 승리하는 교회에 "내 보좌에 함께 앉게 하여 주겠
다"라고 약속하신다(계 3:21). 이는 예수께서 제자들에게 종말의 심
판 때에 열두 보좌에 앉아 심판할 것을 약속하셨던 것을 떠올리게
한다(마 19:28). 라오디게아교회는 더는 미지근함에 만족하며 지내
서는 안 된다. 미지근함을 버리고 다시 뜨겁게 혹은 시원하게 주님
을 따라야 한다.

예수 그리스도의 모습 (1:12-18)	일곱 금 촛대를 보았는데 촛대 사이에 인자 같은 이가 있고 (12b-13a)	나는 처음이요 나중이니 곧 산 자라. 내가 전에 죽었었노라 (1:17b-18a)	그 입에서 좌우에 날선 검이 나오고 (1:16b)	그의 눈은 불꽃같고 그의 발은 … 빛난 주석 같고 (1:14-15)	그 오른손에 일곱 별이 있고 (1:16)	사망과 음부의 열쇠를 가졌노니 (1:18b)	충성된 증인으로… 땅의 임금들의 머리가 되신 이 (1:5)
교회	에베소	서머나	버가모	두아디라	사데	빌라델비아	라오디게아
예수 그리스도의 모습	오른손에 일곱 별을 가지고 금 촛대 사이를 다니시는 이 (2:1)	처음이요 나중이요 죽었다가 살아나신 이 (2:8)	좌우에 날선 검을 가지신 이 (2:12)	그 눈이 불꽃 같고 그 발이 빛난 주석 같은 하나님의 아들 (2:18)	일곱 별을 가지신 이 (3:1)	열면 아무도 닫을 수 없고 닫으면 아무도 열 수 없는 다윗의 열쇠를 가지신 이 (3:7)	… 충성되고 참된 증인이시오 하나님의 창조의 근본이신 이 (3:14)

칭찬	행위, 수고, 인내, 거짓교리를 드러냄	환난과 궁핍 가운데 있지만 실상은 부요함	사탄의 권좌가 있는 곳에서 그리스도의 이름을 굳게 잡음. 충성된 증인 안디바가 죽임을 당할 때도 믿음을 버리지 않음	사업, 사랑, 믿음, 섬김, 인내	옷을 더럽히지 않은 자 몇 명이 있음	적은 능력을 가지고도 예수님의 말씀을 지키며 예수님의 이름을 배반하지 않음	없음
책망	처음 사랑 잃어버림	없음	발람과 니골라 당의 교훈을 지키는 자	이세벨의 교훈을 따르는 자	살았다 하는 이름을 가졌으나 죽은 자	없음	미지근함. 곤고하고 가난하고 눈 멀고 벌거벗음
경고와 '회개하라'	회개하지 않으면 촛대를 옮길 것이다	고난을 두려워 말라. 죽도록 충성하라	회개하지 않으면 검으로 싸울 것이다	회개하지 않으면 큰 환란 가운데 던짐. 있는 것을 굳게 잡으라	회개하지 않으면 도둑같이 임할 것이다	가진 것을 굳게 잡아 아무도 네 면류관을 빼앗지 못하게 하라	금과 흰옷과 안약을 사라. 열심을 내고 문 밖에 있는 그리스도를 영접하라
'들으라'는 권면	귀 있는 자는 성령이 교회들에게 하시는 말씀을 들을지어다	귀 있는 자는 성령이 교회들에게 하시는 말씀을 들을지어다	귀 있는 자는 성령이 교회들에게 하시는 말씀을 들을지어다	귀 있는 자는 성령이 교회들에게 하시는 말씀을 들을지어다	귀 있는 자는 성령이 교회들에게 하시는 말씀을 들을지어다	귀 있는 자는 성령이 교회들에게 하시는 말씀을 들을지어다	귀 있는 자는 성령이 교회들에게 하시는 말씀을 들을지어다
'이기는 자'의 상급	하나님의 낙원에 있는 생명나무를 먹게 함	생명의 관, 둘째 사망의 해를 받지 않음	감추었던 만나, 아무도 모르는 이름이 기록된 흰 돌	만국을 다스리는 권세, 철장, 새벽별을 주심	흰옷을 입을 것, 이름을 생명책에서 절대 지우지 아니하고 내 아버지 앞과 천사들 앞에서 시인	하나님 성전에 기둥이 되게 함. 하나님의 이름과 새 예루살렘의 이름과 예수의 새 이름을 그 위에 기록함	내 보좌에 함께 앉게 하여줌

천상에
펼쳐진
장엄한 예배

아흔이 넘은 노구의 사도 요한은 '성령 안에서'(in the Spirit) 보게 된 일곱 교회의 환상과 편지의 말씀(계 1-3장)으로 커다란 위로를 얻었다. 죄수의 신분으로 밧모섬에 유배된 이후로, 그에게는 다시는 그리스도의 양을 돌보고 먹일 수 없다는 불안과 염려가 있었다. 그러나 성령의 감동으로 요한은 새로운 영적 현실을 보게 되었다. 이제는 자신이 교회를 돌볼 수 없었지만 그리스도께서 직접 교회를 붙들고 지키는 것을 보았기 때문이다. 요한은 한편으로 안도했지만 다른 한편으로 고난 중에 치열한 믿음의 분투를 수행하는 교회들이 염려되었다. 이렇게 극심한 핍박과 미혹을 교회들이 잘 견뎌낼지, 정말 끝까지 인내하여 주님께 칭찬받을지 염려가 되었다.

이제 성령은 이런 요한의 시선을 돌려 새로운 차원에 눈뜨게 하신다. 교회가 미혹과 핍박을 받는 가운데 하늘에서 온 세상을 통치하시는 장엄한 하나님의 보좌를 보도록 하신 것이다. 이를 통해 요한은 눈에 보이는 교회를 핍박하는 기세등등한 제국이 온 세상의 주가 아님을 확신한다.

먼저 요한은 천상에 열린 문을 본다. 이 문은 그리스도께서 요한 앞에 열어두신 문이었다(계 3:8 참조). 요한이 문을 응시하는데 "이리로 올라오라"는 익숙한 나팔소리 같은 음성이 들린다. 이 음성은 앞서 요한이 홀로 예배를 드릴 때 성령의 임재 안에서(in the Spirit) 들었던 소리이기도 하다(계 1:10). 이제 그 음성이 성령으로 충만한 요한을 다시 부른다.

요한이 성령에 감동되어(in the Spirit) 눈을 들어 열린 문을 통해 천상을 바라보자, 하늘 보좌가 눈에 들어왔다(계 4:2). 보좌에 앉은 하나님의 모습은 너무나 영광스럽고 아름다워 무엇이라 말로 표현할 수 없었다. 그나마 가장 근접하게 표현한 것이 '~과 같다'는 식의 비유적 표현일 뿐이었다(계 4:3-4).

요한이 본 하나님의 모습은 벽옥과 홍보석 같았다. 벽옥은 재스퍼(jasper)라고도 하며 녹색, 노란색, 붉은색 등의 색깔을 띤다. 이는 하나님의 영광과 위엄, 성결함을 상징한다. 또 하나님의 모습은 홍보석과 같았다. 홍보석은 오렌지 계열의 붉은색의 보석으로 하나님의 진노와 심판을 나타낸다. 또 무지개가 하나님의 보좌를 둘렀는데 그 모양이 녹보석 같았다.

무지개는 노아 홍수심판 이후 하나님이 세상을 새롭게 조성하시고 피조세계를 보존하겠다고 언약의 증표로 주신 것이다(창 9:13-17). 제국이 교회를 핍박하고 악을 끊임없이 자행해 왔음에도 하나님은 세상을 다시 물로 심판하지 않으셨다. 노아의 언약을 기억하고 계셨기 때문이다. 하나님은 노아언약이 계시록의 시대를 살아가는 교회에도 여전히 유효하며, 인류의 죄악이 하나님의 언약을 무효화시키는 것을 절대 허락하지 않으신다. 도리어 그 가운데 교회를 지키고 복음이 증거되도록 역사하신다. 무지개의 모양이 '녹보석 같다'는 것은 이런 언약적 특징을 잘 보여준다. 녹보석은 에메랄드빛의 보석으로 하나님의 은혜와 자비를 상징하기 때문이다.

하나님의 보좌 바로 앞에는 하나님의 성령이 계셨다(계 4:5). 성령은 앞서 "하나님의 일곱 영"(계 1:4)으로 소개된 적이 있는데, 여기서는 "켠 등불 일곱" 또는 "일곱 개의 횃불"(새번역)로 소개된다. 일곱은 완전수를 상징하며, 여기서 성령은 하나님의 피조물을 두루 살피고 감독하며 하나님의 통치에 참여하는 분으로 등장한다.

또한 하나님의 보좌 앞에는 수정과 같은 유리 바다가 보였다(계 4:6). 보좌 가운데와 주위에는 네 생물이 둘러서 있다. 보좌 앞에 유리 바다가 있는데, 다시 가운데와 주변에 네 생물이 있다는 것은 어떤 모습일까? 에스겔서는 이것을 이해하는 적절한 설명을 제시한다. 에스겔서에 따르면 "네 생물의 머리 위에는 수정 같은 궁창의 형상이 펼쳐져 있다"(겔 1:22,26 참조). 이것은 보좌를 어떤 관점에서 보느냐에 따라 달라진다. 하나님의 보좌 위에서 아래를 내려다볼 때는 네 생물이 보좌 주변에 있지만, 네 생물의 자리에서 보좌를 바라보면 수정 같은 유리 바다가 이들의 머리 위에 있는 것이다.

새번역성경은 보좌 앞의 유리 바다가 마치 "수정을 깔아 놓은 듯

하였다"고 제안한다. 이는 하나님의 창조역사를 생각하면 도움이 된다. 하나님이 천지를 창조하실 때 물로 덮인 세상에 궁창을 만드시고 궁창 위의 물과 궁창 아래의 물로 나누셨다(창 1:7). 그리고 궁창 위에는 하나님의 궁궐과 보좌를 세우셨다(시 104:3, 148:4). 따라서 수정 같은 유리 바다는 하나님 보좌의 바닥을 형성하면서 하나님 보좌와 네 생물을 분리한다. 이렇게 볼 때 네 생물은 하나님 보좌 아래에서 주변을 둘러싸고 있음을 짐작할 수 있다.

유리 바다 아래 하나님 보좌 주위를 둘러싼 네 생물은 다음과 같다. 첫째는 사자 같고, 둘째는 송아지 같으며, 셋째는 사람 같고 넷째는 날아가는 독수리 같았다. 넷은 동서남북 네 방향의 온 세상을 의미하며, 각 생물은 온 세상 피조물을 대표한다. 사자는 맹수를, 송아지는 가축을, 독수리는 날 짐승을, 그리고 사람은 모든 피조물을 대표한다. 네 생물은 앞뒤로 눈이 가득했는데, 이는 끊임없이 주변을 통찰하는 빈틈없는 시선을 상징한다. 이들은 하나님의 보좌 주변에서 밤낮 쉬지 않고 찬양을 올려드린다.

"거룩하다. 거룩하다. 거룩하다. 주 하나님 곧 전능하신 이여 전에도 계셨고 이제도 계시고 장차 오실 이시라"(계 4:8).

이때 네 생물 주변을 둘러싸고 있던 이십사 장로도 일제히 보좌에 좌정하신 하나님께 엎드린다. 이러한 천상의 모습을 대략적인 그림으로 나타내면 다음과 같다.

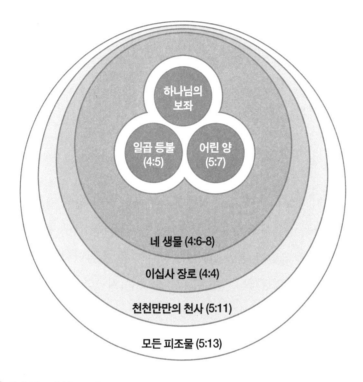

하나님의 보좌

일곱 등불
(4:5)

어린 양
(5:7)

네 생물 (4:6-8)

이십사 장로 (4:4)

천천만만의 천사 (5:11)

모든 피조물 (5:13)

| 하나님의 보좌 (계 4-5장)

　　이십사 장로는 흰 옷을 입고 금관을 쓰고 자기 보좌에 앉아 있었
다(계 4:4). 흰 옷은 순결함과 거룩함을, 금관은 고귀한 왕적 지위를
상징한다. 24란 숫자는 구약의 열두 지파와 신약의 열두 사도의 숫
자를 합한 신구약 백성 전체를 대표한다. 앞서 일곱 교회를 대표하
는 일곱 별이 천사를 상징했다면 여기서 이십사 장로는 신구약의
교회를 대표하는 천상적 존재로 보인다. 이들 이십사 장로는 네 생

물을 따라 보좌에 계신 하나님께 경배하며 자기 관을 벗어 드리며 찬양한다.

> "우리 주 하나님이여 영광과 존귀와 권능을 받으시는 것이 합당하오니 주께서 만물을 지으신지라. 만물이 주의 뜻대로 있었고 또 지으심을 받았나이다 하더라"(계 4:11).

유배지 밧모섬에서 홀로 외롭게 예배하던 요한 앞에 펼쳐진 하나님 보좌의 장엄하고 황홀한 모습은 그를 전율시키기에 충분했다. 그렇다! 사도 요한이 평생 섬겨왔던 하나님은 저 잘난 척하며 기고만장한 제국의 영광과는 감히 비교할 수 없는 지극히 높으신 만왕의 왕이자 주이셨다!

Story Revelation

요·한·계·시·록·05

하나님의
오른손에 놓인
일곱 인봉
두루마리

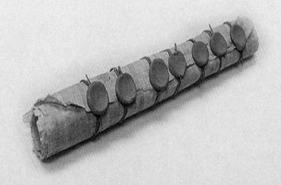

천상의 장엄한 예배를 넋 놓고 바라보았던 요한은 보좌에 앉아 계신 하나님의 오른손 위에 놓인 한 두루마리를 보았다. 이 두루마리는 안팎으로 썼고 일곱 개의 인으로 봉인되어 있었다. 두루마리는 우리에게 익숙하지 않지만 1세기 로마제국에서 매우 흔한 기록매체였다. 이러한 형태의 인봉된 두루마리는 공식문서나 계약서에 사용되었다. 계약서의 경우 안쪽에는 구체적인 내용을 기록했고 바깥에는 계약 내용에 관한 짧은 설명을 기록하곤 했다. 법적 효력이 발생하는 계약서와 같은 두루마리는 공증을 요구했는데 적어도 세 증인을 의미하는 세 개의 인봉에서부터 그 중요도에 따라 일곱 개의 인봉까지 사용했다. 특히 일곱 인봉으로 된 두루마리는 황제의 서신과 공식문서에 사용되었다. 제국의 황제 카이사르는 청원인에게 답변을 보내거나 공식문서를 보낼 때 일곱 인을 사용하였다.

그렇다면 하나님의 오른손에 놓인 일곱 인으로 봉한 두루마리는 무엇을 기록한 것일까? 그것은 틀림없이 온 세상의 참된 통치자인 하나님의 구속 경륜과 심판 계획을 기록한 공식문서일 것이다. 일곱 인으로 봉한 구속 경륜의 두루마리가 하나님의 손바닥 위에 올려 있다는 것은 지금까지 감추어졌던 온 세상을 통치하시는 하나님의 구원과 심판 경륜이 이제 최종적인 시행과 성취를 앞두고 있음을 의미한다. 요한은 분명 궁금했을 것이다. 도대체 그 안에 감추어진 하나님의 구속 경륜은 과연 어떻게 펼쳐질까? 교회를 핍박하는 제국의 운명은 과연 어떻게 될 것인가?

이때 천상에 힘 있는 천사가 나아와 큰 음성으로 외친다. '힘 있는' 천사라는 것은 그가 특별한 권세와 지위를 갖고 있음을 암시한다. 천사는 위엄 있게 외친다.

"누가 그 두루마리를 펴며 그 인을 떼기에 합당하냐"(계 5:2).

요한은 천사의 크고 우렁찬 소리에 주변을 둘러보았다. 그런데 천상에서 그 누구도 나서는 이가 없었다. 혹시 하늘 아래에서는 누가 나설 자가 있는가 보았다. 그러나 땅 위에서도 아무도 나서지 않았다. 그렇다면 혹시 땅 아래라도 누군가 나설 자가 있을까 싶어 유심히 살펴보았다. 그러나 거기도 없었다. 사실 인을 뗀다는 것은 이제 하나님의 구속 경륜이 온 세상에 선포되고 시행된다는 것을 선포하는 것인데, 이 일은 아무나 감당할 수 있는 것이 아니다. 인을 떼

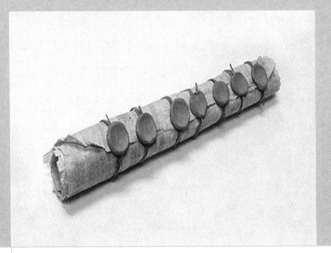

일곱 인봉으로 된 두루마리. 황제의 서신과 공식문서에 사용되었다.

기에 합당한 자가 수행해야 한다. 인을 떼고서 나중에 이렇게 어마어마한 재앙이 세상에 일어날 줄 몰랐다고 무책임하게 발뺌을 해서는 안 된다. 또 겁을 먹고 중도에 회피하거나 도망가서도 안 된다. 누군가 이 인을 뗀 그것에 관한 결과를 책임질 수 있는 자가 나타나야 한다.

그렇다면 이 세상에 누가 이 책임 있는 사명을 감당할 수 있을까? 누가 과연 두루마리 인을 떼고 이후로 펼쳐질 하나님의 구속 경륜을 성취할 수 있을까? 요한은 아무리 살펴보아도 이 일에 충분한 자격을 갖추고, 이 일을 수행하는데 필요한 능력과 권세를 가진 합당한 자를 찾을 수 없었다. 천상천하에 그 누구도 합당한 자는 아무도 보이지 않았다.

요한은 너무나도 안타까워 주체할 수 없는 울음을 터뜨린다. 서럽도록 크게 목 놓아 울었다. 이러다가 두루마리가 펼쳐지지 못하면 이 땅에 지금과 같은 저 잔학한 제국의 고통과 핍박이 계속될 것 같았다. 하나님의 구원 경륜이 좌초될 것 같은 두려움과 슬픔이 몰려왔던 것이다. 바로 이때 하나님을 찬양하던 이십사 장로 중 하나가 요한에게 다가와 말한다.

"울지 말라. 유대 지파의 사자 다윗의 뿌리가 이겼으니 그 두루마리와 그 일곱 인을 떼시리라"(계 5:5).

장로는 서럽게 울고 있는 요한에게 다가와 이 세상에서 인봉을 떼기에 합당한 유일한 자가 있음을 알려주며 더는 울지 말라고 한다. 장로는 그를 유대 지파의 사자이자 다윗의 뿌리가 되는 분으로 소개하며, 그가 죄와 사망의 권세를 이겼다고 일러준다. 이 말에 요한은 울음을 그치고 인봉을 떼기에 합당한 그를 주목한다.

거기에는 한 어린 양이 네 생물과 장로들 사이에 서 있었다. 그런데 그 모습이 조금 전 들었던 것과는 달랐다. 유대 지파의 '사자'라고 들었는데, 도리어 그는 일찍이 죽임을 당한 것 같은 '어린 양'이었다. 그러나 무력하게 죽임을 당한 어린 양만은 아니었다. 그에게 일곱 뿔, 곧 완전한 힘과 권세가 있었고, 하나님의 일곱 눈으로 상징되는 일곱 영, 곧 성령이 함께 계셨다(계 5:6).

그는 하나님의 보좌로 나아가 보좌에 앉으신 하나님의 오른손에

〈하늘 보좌 앞의 예배〉(밤베르크 묵시록(Bamberg Apocalypse) 삽화, 라이헤나우 수도원(콘즈탄츠 호), 1000~1020년경, 오토 3세, 헨리 2세 후원으로 제작, 밤베르크 주립도서관, 독일). 삽화는 하늘 보좌 앞에서 네 생물과 이십사 장로가 그리스도에게 예배드리는 장면을 묘사한 것이다.

놓여 있던 두루마리를 마침내 취하신다(계 5:7). 하나님의 어린 양이 두루마리를 받아 들자 네 생물이 어린 양에게 엎드렸다. 주변에 함께 있던 이십사 장로도 각각 거문고를 든 채 향이 가득 담긴 금 대접을 가지고 어린 양 앞에 엎드려 경배했다. 죽임을 당함으로 죄와 사망의 권세를 이긴 어린 양은 하늘에서도 경배받기에 합당한 하나님이셨다.

이십사 장로는 하나님의 백성을 대표하는 천사들이다. 마치 레위 지파의 제사장들이 24개의 반차로 나누어 하나님을 섬겼던 것처럼(대상 23-24장), 이십사 장로는 각각 거문고를 들고 이 땅에서 성도들이 눈물로 올려드린 간절한 기도를 금 대접에 담아 하나님께 나아간다(계 5:8). 대접 안에는 향이 가득했는데 이 향은 성도의 기도들이었다. 이는 "나의 기도가 주의 앞에 분향함과 같이 되게 해달라"는 시편의 기도(시 141:2)와 같이 기도가 향이 되어 하나님께 드려진 것이다.

이때 네 생물과 장로들은 어린 양을 경배하면서 새 노래로 찬양한다.

"[주께서 두루마리를 취하시고] 그 인봉을 떼기에 합당하시도다. 일찍이 죽임을 당하사 각 족속과 방언과 백성과 나라 가운데에서 사람들을 피로 사서 하나님께 드리시고 그들로 우리 하나님 앞에서 나라와 제사장들을 삼으셨으니 그들이 땅에서 왕 노릇 하리로다"(계 5:9-10).

어린 양이 인봉을 떼기에 합당하다! 하나님의 구속 경륜을 십자가에서 결정적으로 성취하셨기 때문이다. 또 각 족속과 방언과 백성과 나라에서 구속한 이들을 하나님 나라와 제사장으로 삼으셨기 때문이다. 이제 이들은 장차 땅에서 왕 노릇 할 것이다. 왜 하늘이 아니라 땅일까? 요한계시록이 지향하는 종말적 비전의 최종 완성은 땅에서 이루어지기 때문이다. 장차 천상의 거룩한 성 예루살렘은 땅으로 내려와 하나님의 나라를 완성한다(계 21:2). 이때 구속받은 그의 백성들은 땅에서 왕 노릇 할 것이다.

네 생물과 장로들의 찬양이 천상에 울려퍼지자 이들을 둘러선 헤아릴 수 없는 천천만만의 천사들이 큰 음성으로 연이어 어린 양께 찬양을 올려드린다.

"죽임을 당하신 어린 양은 능력과 부와 지혜와 힘과 존귀와 영광과 찬송을 받으시기에 합당하도다"(계 5:12)

이들의 찬양을 잘 들어보라. 천사들이 찬양하는 어린 양은 십자가에 죽임을 당하신 어린 양이다! 하늘의 영광을 버리고 십자가에서 모든 것을 내주었던 그가 역설적으로 하늘에서 부와 지혜와 힘과 존귀와 찬송을 받기에 합당한 자로, 수많은 천사의 찬양을 받으며 온 세상의 왕으로 좌정하고 계신 것이다! 성령 안에서 하늘이 열리는 비전이 없으면 이는 결코 알 수 없는 사실이다.

천상에 울려퍼지는 천사들의 찬양에 이어 하늘 위, 땅 위, 땅 아래, 바다 위에서는 그 가운데 있는 모든 피조물이 거대한 소리로 어린 양을 찬양하며, 천상의 예배는 절정에 이른다.

> "내가 또 들으니 하늘 위에와 땅 위에와 땅 아래와 바다 위에와 또 그 가운데 모든 피조물이 이르되 보좌에 앉으신 이와 어린 양에게 찬송과 존귀와 영광과 권능을 세세토록 돌릴지어다 하니" (계 5:13).

하나님의 인을 떼기에 합당한 자가 없었던 온 피조세계가 이제 어린 양의 등장으로 하나님의 구속 경륜을 맛보는 새로운 희망으로 들어갈 수 있게 되었다. 온 우주의 모든 피조물이 드리는 웅대한 찬양의 주인공은 바로 하나님과 죽임 당했던, 그러나 지금은 보좌에 앉으신 어린 양이었다! 모든 피조세계의 우렁찬 찬양소리에 천상의 네 생물은 "아멘!"을 외치고 이십사 장로는 엎드려 경배한다. 하나님의 구속 경륜을 성취해 나아가는 진짜 주인공은 바로 어린 양이셨다!

일곱 봉인이
열리다

✳ 마침내 열리는 네 인봉과
네 마리 말 계 6:1-8

천상의 장엄한 예배 장면에 흠뻑 빠졌던 사도 요한은 이제 어린 양이 두루마리의 일곱 인을 하나씩 떼는 것을 본다. 인봉이 하나씩 떼어질 때마다 하나님의 구속 경륜은 한 단계씩 드러나며 전진할 것이다.

어린 양이 첫 번째 인을 떼자 네 생물 중 하나가 우레와 같은 소리로 "오라!"고 한다. 이에 요한의 시선은 네 생물 중 하나가 하나님의 명령을 전달하는 곳으로 이동한다. 이제 인봉이 해제되며 구속사의 현장이 긴박하게 펼쳐질 것이다. 첫째 인봉이 해제되자, 눈앞에는 명령을 받은 흰 말이 나와 있었고 말 탄 자가 있었다. 말 탄 자는 활을 가졌고 승리의 면류관을 받아서 쓰고 있었다.

면류관을 썼다는 것은 이미 전쟁에서 승리하여 혁혁한 전과를 거둔 이력이 있음을 보여준다. 흰 말은 제국의 군대가 큰 승리를 거두고 승리의 개선문을 통과할 때 타고 들어가는 데 사용하였다. 백마 탄 자는 이미 승리의 전과를 올렸던 모양이다. 그는 승전한 장군에게 수여하는 면류관을 받는다(계 6:2). 하지만 백마 탄 자는 여기서 만족하지 않는다. 아직 왕관을 얻지는 못했기 때문이다. 나중에 백마 탄 그리스도께서 수많은 왕관을 취하시지만(계 19:12), 첫째 인에 등장한 백마 탄 자는 이전에 승리했던 전쟁에서 면류관만을 겨우 취했을 뿐이다. 그래서 그는 더 큰 승리를 거두기 위해 "이기고 또 이기려고" 애쓰며 앞으로 나아갔다.

이런 백마 탄 자의 모습은 제국의 경계인 유브라데(유프라테스) 강 너머에 있던 파르티아 군대의 모습과 같다. 당시 파르티아 군대의 기마병들은 백마를 타고 달리는 말에서 뒤를 돌아 뒤쫓아오는 적군을 정확하게 명중시키는 놀라운 능력을 갖추고 있었다. 파르티안 궁법으로 알려진 이 궁술은 발을 고정해주는 등자 없이 두 다리의 힘으로만 말 등에 몸을 고정한 채 몸을 뒤로 돌려 활시위를 당겨 명중시키는 고도의 균형감각과 난이도를 요구하는 기술이었다. 이러한 능력을 바탕으로 이들은 종종 유프라테스 강 서쪽의 로마제국을 넘봤다. 세계 최강의 로마제국도 이들에게 주전 55년과 주후 62년 두 차례에 걸쳐 크게 패배당한 전적이 있다. 본 백마 탄 자는 세상 권세를 허락받아 온 세상을 무력으로 굴복시키려 했다. 요한이 첫째 인을 떼자 보게 된 이런 백마와 백마 탄 자의 환상은 장차 제

〈The Four Horsemen of the Apocalypse〉(계 6:1-8)(마티아스 게룽(Matthias Gerung) 作, 오 트하인리히 성경(Ottheinrich Bible) 삽화, 1530-1532년, 바이에른 주립도서관, 독일)

국 곳곳에서 일어날 국제전쟁을 예고한다. 제국을 향한 하나님의 구원 경륜이 본격적으로 펼쳐질 때 제국은 국제전쟁의 대혼란을 겪게 될 것이다.

백마의 등장으로 시작된 이 땅의 재앙은 이어지는 둘째 인봉의 해제로 더욱 심화된다. 어린 양이 둘째 인을 떼자, 천상 보좌에 있던 둘째 생물이 요한에게 기다렸다는 듯 "오라"고 초대한다(계 6:3). 초대를 따라 시선을 돌리자 거기에는 붉은 말이 나왔다. 붉은색은 피를 상징하는데, 이는 세상에서 끔찍한 유혈사태와 대량 학살을 예고한다. 아나나 다를까, 붉은 말을 탄 자는 허락을 받아 땅에서 화평을 제거하고 사람들을 서로 죽이게 하는 큰 칼의 권세를 받았다(계 6:4). 서로 죽이는 것은 내란과 혁명에 의한 살해를 뜻한다.

네로 황제 사후(68년) 로마는 1년 동안 네 명의 황제(갈바, 오토, 비텔리우스, 베스파시아누스)가 연달아 바뀌었다. 연속적인 황제의 교체는 제국 내에 극도의 혼란과 피바람을 일으켰다. 붉은 내란의 세력들이 잇달아 등장하며 피 혁명의 소용돌이가 몰아치자 그 와중에 믿음을 지키던 성도들도 본의 아니게 위기에 처하게 되었다. 황제가 수시로 바뀌는 시대에 자신의 진정한 주는 이 황제도 아니고 저 황제도 아니라 오직 예수 그리스도라고 고백하는 것은 커다란 박해와 순교를 초래할 수 있는 행위였기 때문이다. 이것은 제2의 네로라고 불리는 도미티아누스 치하에서도 마찬가지였다.

셋째 인을 떼자 이번에는 셋째 생물이 요한을 "오라"고 초대한다. 요한이 그 초대를 따라 시선을 돌리자 이번에는 검은 말이 나타났다. 검은 말을 탄 자는 저울을 들고 있었다(계 6:5). 이는 기근에 일어날 물가 폭등을 예고한다. 그때 네 생물 사이에서 나오는 듯한 음성이 저울의 측정 기준을 선언한다.

"한 데나리온에 밀 한 되요 한 데나리온에 보리 석 되로다. 또 감람유와 포도주는 해치지 말라"(계 6:6).

〈Death on a Pale Horse〉(벤자민 웨스트 作, 1796년, 디트로이트 미술관, 미국)

데나리온은 로마에서 주전 238년부터 주후 4세기 콘스탄티누스 황제가 화폐개혁을 단행할 때까지 사용했던 표준 은화를 가리킨다. 당시 한 데나리온은 노동자의 하루 임금이었다. 하루 임금으로 살 수 있는 식량은 밀 한 되 또는 보리 석 되였다. 한 되는 오늘날 아이스크림 한 쿼트에 해당하는 1.14ℓ 다. 한 되면 한 사람이 하루 먹는 넉넉한 식량이고, 석 되면 한 가족이 먹는 식량의 양 정도가 된다. 밀과 보리는 제국 백성의 주식이었는데, 밀이 보리보다 영양도 풍부하고 무게도 더 나갔으며 가격도 비쌌다. 보리는 주로 가난한 하층민들이 먹던 주식이었다. 하루 임금으로 겨우 한 사람의 한 끼 밀, 또는 한 가족의 한 끼 보리밖에 구할 수 없다는 것은 식량 가격이 평소보다 무려 8배에서 16배나 급등했음을 의미한다. 왜 이렇게 식량 가격이 급등했을까? 바로 기근 때문이다.

기근으로 식량이 부족하게 되면 식량을 더 확보하기 위해 농지를 확장하려는 유혹을 받는다. 가장 쉬운 농지 확보는 기존에 있던 올리브나무와 포도나무를 베어버리고 그 자리에 밀과 보리를 심는 것이다. 요한계시록이 기록되기 약 3년 전인 주후 92년경 제국에 심한 기근이 찾아왔다. 제국의 근간을 떠받치던 군대에 공급할 식량마저 부족할 정도였다. 도미티아누스 황제는 칙령을 내려 빌라델비아 지역에 있는 포도나무 절반을 베어버리도록 하였다. 당시 포도원은 점점 늘어나는 추세였다. 곡물을 재배하는 밭도 포도원으로 전환되는 경우가 많았다. 갈수록 더해 가는 로마의 향락문화로 인해 포도주 소비가 증가하였기 때문이다. 그러다 보니 식량 생산은 점차 줄어갔다.

도미티아누스 황제는 베어버린 포도원을 밭으로 전환하여 곡물을 심도록 했다. 하지만 빌라델비아 지역의 토양은 화산토였다. 화산토는 포도원 재배에는 괜찮았지만 곡물 재배에는 적합하지 않았다. 결국 황제의 칙령으로 인해 빌라델비아 지역의 경제는 큰 타격을 입었고, 이 일로 빌라델비아는 로마 황제에게서 등을 돌렸다. 다급하게 식량 확보를 위해 포도나무를 베어버리라고 한 것은 현명하지 못했던 처사였다.

하지만 천상의 음성은 기근 중에도 포도나무와 올리브나무는 베어버리지 말라고 한다. 역사를 통해 입증된 것처럼 폭등하는 식량물가를 바로잡기 위해 포도원과 올리브 농장의 나무를 베어버리고 곡물을 심는 조치가 그다지 효과가 없기 때문이다. 하나님의 주권 아래 사람이 벗어나려 발버둥 치는 조치들은 결국 무력한 것임을 드러

〈묵시록의 네 기사〉(빅토르 바스네트후 作, 1887년)

낼 뿐이다. 결국 흉년도 하나님의 주권에 속한 것이다. 도리어 제국은 검은 말이 가져온 기근을 보고 애통하며 회개해야 한다.

이제 요한은 어린 양이 넷째 인을 떼는 것을 본다. 그러자 넷째 생물이 요한을 "오라"고 초대한다(계 6:7). 초대를 따라 시선을 돌리니 이번에는 청황색 말이 나타났다. 청황색은 누런빛을 띤 녹색이나 녹색 기운을 띤 창백한 색이다. 이는 죽음 직전의 병색이 완연하거나 죽은 사람의 모습, 또는 공포에 질려 창백하게 떨고 있는 사람의 모습이다. 청황색은 질병과 죽음을 대표하는 색이다.

요한계시록은 다른 말들과는 다르게 청황색 말 탄 자의 이름을 소개한다. 바로 '사망'이다(계 6:8). 특이한 점은 '사망' 뒤를 '음부'가 바짝 뒤따랐다는 것이다. 죽음에 이르게 하는 치명적인 질병과 사망의 재앙을 가진 청황색 말이 지나가자 음부가 그 뒤를 따라 죽은 사람들을 음부에 거두어들였다.

청황색 말을 탄 사망은 땅 사분의 일을 해할 수 있는 권세를 받고, 이 땅에 검과 흉년과 사망과 땅의 짐승들을 보내어 제국의 사람들을 사망에 이르게 한다. 지금까지는 첫째 인과 둘째 인을 뗄 때는 '검', 셋째 인을 뗄 때는 '흉년'을 사용하여 제국의 질서를 흔들었다. 그런데 넷째 청황색 말 탄 자, 곧 사망은 검, 흉년, 사망, 짐승 등 모든 것을 총체적으로 동원하여 재앙을 가져온다. 원래 짐승들은 하나님께서 인류에게 정복하고 다스리라고 하셨던 것들이다(창 1:28, 9:2, 사 11:6-8). 그러나 인류의 죄가 쌓여가면서 짐승과의 관계는 악화일로를 걷게 되고, 급기야 인류의 생명을 위협하는 세력으로 등장하기에 이른다. 하나님의 구속 경륜이 펼쳐질 때 세상은 죄로 인해 뒤틀어져 혼돈과 공허, 그리고 불의가 가득했다. 하나님의 인 재앙은 이러한 불의를 바로잡고 심판하는 일들이 시작됨을 알린다.

네 말이 가져온 재앙은 이 땅에서 믿음으로 분투하는 성도들에게는 말할 수 없는 큰 고난을 가져온다. 국제전쟁과 내란, 기근과 질병 가운데 살아나려면 정치적으로 어디에 속하여 누구에게 충성할 것인가가 중요해진다. 기민하게 정세를 살펴 유리한 쪽으로 붙는 것이 생존과 직결된다. 그러나 성도는 누구인가? 그리스도만을 참된 왕으로 섬기고 사는 사람들이다. 이런 성도들에게 들이닥칠 핍박과 환난은 말할 수 없이 클 것이다. 이런 가운데 성도들은 믿음을 지키다가 많이 순교하게 된다.

✳ 다섯째 인과 천상의 순교자, 그리고 여섯째 인 계 6:9-17

전쟁과 기근, 질병과 사망으로 인해 이 땅에 재앙이 가중될 때 어린 양이 다섯째 인을 뗀다. 그러자 환상의 장면이 땅에서 천상으로 이동한다. 사도 요한의 눈앞에는 하나님의 보좌 앞 제단 아래의 모습이 펼쳐진다. 거기에는 이 땅의 거대한 환난의 소용돌이 가운데 하나님의 말씀을 지키고 복음을 전하다가 죽임당한 순교자의 영혼들이 있었다. 이들은 하나님의 제단 아래 모여 큰 소리로 탄원의 기도를 드리고 있었다.

"큰 소리로 불러 이르되 거룩하고 참되신 대주재여 땅에 거하는 자들을 심판하여 우리 피를 갚아주지 아니하시기를 어느 때까지 하시려 하나이까 하니"(계 6:10).

이들은 이 땅에서 하나님의 말씀과 예수 그리스도의 증거를 소유했다는 이유로 핍박을 당했던 자들이다. 이 땅에서 용, 곧 사탄의 세력에게 핍박을 당하며 이들과 치열한 전쟁을 수행했다(계 12장). 믿음을 지키기 위해 인내로 분투하며(계 14:12), 심지어 목 베임을 당해 죽음에 이르기까지 했다(계 20:4). 이러한 순교자 중에는 전에 에베소교회를 섬기던 디모데, 그리고 서머나교회를 섬기던 요한의 제자 폴리갑도 포함되었다.

레위기에 따르면 하나님께 희생 제물을 드릴 때 제단 밑에 제물의 피를 쏟도록 규정한다(레 4:7 참조). 이렇게 볼 때 제단 아래 있는 순교자들은 하나님께 희생 제물로 죽임을 당하고 피를 쏟아 드려졌음을 나타낸다. 이들이 하나님께서 기뻐 받으시는 거룩한 희생제물로 드려진 것이다. 순교자들은 자신을 순교의 제물로 드림과 함께 탄원의 기도를 올려 드린다.

천상의 순교자들은 천상에서 이 땅에 참된 정의가 실현되게 해 달라고 기도한다. 자신들을 무고하게 죽인 이들을 공의롭게 심판해 달라고 탄원하는 것이다. 땅은 아직 하나님의 정의가 완전히 실현되지 않은 여전히 공중권세를 잡은 사탄이 영향력을 발휘하는 불의하고 부패한 곳이다. 순교자들은 심판을 통해 하나님의 의가 이 땅에 온전히 이루어지기를 기도한다. 자신들의 순교가 하나님 앞에 결코 헛되고 무의미한 죽음이 아니었음을 호소하며, 이를 신원하여 주시는 공의로운 하나님의 역사를 구하고 있다. 이런 순교자들의 애끓는 탄원이 하나님 보좌에 상달되자, 마침내 하나님께서 응답하신다.

"각각 그들에게 흰 두루마기를 주시며 이르시되 아직 잠시 동안 쉬되 그들의 동무 종들과 형제들도 자기처럼 죽임을 당하여 그 수가 차기까지 하라 하시더라"(계 6:11).

하나님은 즉각적인 심판을 시행하는 대신 순교자들에게 흰 두루마기를 주시며, 그들처럼 죽임을 당할 동료 종과 형제들의 수가 다 찰 때까지 잠시 쉬라고 하신다. 흰 두루마기는 어린 양의 피로 구원받은 성도가 자신을 더럽히지 않고, 순결하고 거룩한 삶을 살았다는 것을 하나님으로부터 인정받는 영광스러운 상이다. 믿음의 싸움에서 승리하였음을 인정받는 것이다. 여기서 하나님이 '쉬며 기다리라'고 하신 것은 순교자들이 당한 불의를 바로잡을 계획을 갖고 계시기 때문이다. '잠시 동안'은 순교자들이 예상하는 '어느 때까지'와 달리, 생각과는 다르게 일어날 가능성을 내포한다(참조. 벧후 3:8, 시 90:4).

그리스도의 초림과 재림 사이에 제국의 악과 불의는 강력하게 역사할 것이고, 많은 성도를 무고하게 핍박하며 죽음에 이르게 할 것이다. 하나님이 정하신 수가 찰 때까지 성도는 하나님의 뜻이 하늘에서와 같이 땅에서 이루어지도록 인내로 기다리며 계속 기도해야 한다. 이러한 핍박의 시기를 지나가는 것은 다른 한편으로 아직이 땅에 하나님이 구원하기로 작정하신 영혼들이 있음을 의미한다. 하나님은 할 수 있는 한 모든 사람들이 구원받고 진리를 아는 데 이르기를 원하신다(딤전 2:4).

순교자들의 탄원을 뒤로하고 이제 어린 양은 여섯째 인을 뗀다. 그러자 그동안 변함없이 그 자리에서 인간의 삶을 안정적으로 지탱해주던 자연계에 큰 격변이 일어난다. 큰 지진이 나고 해가 검어지고 달이 핏빛으로 변한다. 하늘의 별들이 마치 큰 바람에 설익은 열매들이 우수수 떨어지는 것처럼 떨어진다. 하늘이 두루마리가 말리는 것 같이 떠나가고 각 산과 섬이 제자리에서 옮겨진다. 이러한 하늘과 땅의 격변은 구약에서 열방이 심판받는 '여호와의 크고 두려운 날'이 이를 때에 나타나는 전조들이다. 하늘의 만상이 두루마리같이 말리고(사 34:4), 해가 상복같이 검어지고(사 50:3), 달이 핏빛같이 변한다(욜 2:31). 이러한 현상은 종종 열방을 향한 하나님의 심판이 시작될 때 진술되는 우주적 붕괴의 언어들이다(사 29:6, 겔 32:7). 이러한 재앙은 그토록 강력해 보였던 제국 또한 그 기반이 송두리째 흔들리고 세상이 우주적 종말을 맞이할 것을 보여준다. 순교자의 탄원대로 언젠가 하나님께서 지금까지 있었던 옛 하늘과 옛 땅을 모두무너뜨릴 것이고, 현시대의 질서를 모두 뒤엎을 것이다.

제국의 근간이 흔들리자 그동안 제국에 기반을 두고 지탱해왔던 빈부와 지위, 신분제도가 뿌리째 흔들린다. 지금까지 제국에 뿌리내렸던 임금, 왕족, 장군, 부자, 강한 자, 자유민 등 모든 종의 차이는 이제 의미가 없다. 이들은 모두 공포로 하나 되어 한마음으로 굴과 산의 바위틈에 숨어버린다(계 6:15). 그 공포가 얼마나 컸던지 이들은 산과 바위에게 차라리 "우리 위에 떨어져 보좌에 앉으신 이의 얼굴에서와 그 어린 양의 진노에서 우리를 가리라"고 한다(계 6:16). 산과 바위가 이들 위에 떨어지면 어떻게 될까? 뼈도 추스르지 못하고 죽을 것이다. 그런데도 차라리 바위에 쳐 죽는 것이 낫다는 식의 무모한 말을 하는 이유는 무엇일까? 심판의 보좌에서 진노하는 하나님의 얼굴과 어린 양을 보는 것이 너무나도 두려웠기 때문이다. 그러나 이런 무모한 소원조차 진노의 종말 심판 날에 이르면 아무런 소용없다. 이들은 반드시 하나님의 심판대와 어린 양의 진노 앞에 서서 심판을 받을 것이다(계 20:11-15).

그렇다면 하나님의 진노의 큰 날이 이르면 과연 누가 심판대 앞에 설 수 있을까?(계 6:17). 이 땅의 우상을 의지했던 이들은 결국 아무 힘도 쓰지 못하고 심판받을 것이다. 하지만 이것으로 끝이 아니다. 요한은 그의 앞에 새롭게 펼쳐지는 7장의 환상을 통해 과연 그 앞에 설 수 있는 자가 누구인지를 바라봄으로 새로운 희망을 품게 된다.

인치심을 받은 천상의 14만 4천

여섯 인 재앙의 환상 후 요한의 시선은 눈앞에 새롭게 펼쳐진 네 천사를 향한다. 네 천사는 놀랍게도 땅의 동서남북 사방 모퉁이의 바람을 붙잡아 바람이 땅이나 바다나 나무에 불지 못하게 막고 있었다. 이 바람은 세상을 해치는 권세를 가진 바람이었다. 구약의 예언서 스가랴는 온 세상에 불어닥쳐 세상을 해치는 바람의 존재를 밝힌 바 있다(슥 6:1-8). 이들은 이 땅에 재앙을 가져오는 네 종류의 말들, 곧 붉은 말, 검은 말, 흰 말, 어룽진 말들로 세상을 돌아다니며 하나님의 마음을 시원하게 하였다.

천사들이 땅 사방에 부는 바람을 붙잡아 억제하고 있을 때 다른 천사가 하나님의 도장을 갖고 해 돋는 동쪽에서 올라온다. 요한계시록에서 동쪽은 하나님의 대적들이 출몰하는 곳이다(계 16:12). 하나님의 천사가 동쪽에서 올라온다는 것은 재앙의 세력이 출몰하는 곳에서 하나님의 새로운 희망의 역사가 일어남을 보여준다.

천사는 동쪽에서부터 하나님의 도장을 가지고 와서 사방의 바람을 붙잡고 있는 네 천사를 향하여 큰 소리로 외친다.

"우리 하나님의 종들의 이마에 인치기까지 땅이나 바다나 나무들을 해하지 말라"(계 7:3).

이 얼마나 놀라운 소식인가! 하나님의 두루마리 인봉이 떼어지며 이 세상을 휩쓸었던 재앙은 하나님의 종들의 이마에 인 곧 도장을 찍기까지 절대 세상을 멸망시킬 수 없다! 천사는 하나님의 백성들을 인치기까지 세상의 재앙은 억제될 것이라고 선언한다.

고대 왕국에서 인은 왕의 권세와 소유를 나타냈다. 공식문서에 왕의 도장을 찍으면 문서의 권위가 보증되었다. 제물에 인을 찍으면 그 제물은 신에게 바쳐진 것으로 절대 다른 것으로는 사용하지 못하도록 하였다. 그뿐만이 아니라 예배자들도 자신이 신에 속했음을 표시하기 위해 인침을 받았다. 이처럼 도장을 찍는 것은 소유와 보호를 상징한다.

하나님의 천사가 온 세상을 돌아다니며 하나님의 종들의 이마에 인친다는 것은 이들을 하나님의 특별한 소유로 보호한다는 의미와 함께 그들을 하나님의 제사장으로 삼는다는 의미를 표시하는 것이다(계 1:6 참조). 구약에서 제사장은 이마에 '여호와께 성결'이라고 적힌 금패를 단 터번을 쓰고 하나님께 나아갔다. 이마에 새긴 여호와의 이름을 단 명패를 달고 나아갈 때 대제사장은 죽음을 면하고 하나님을 친히 만날 수 있었다.

신약시대 예수 그리스도를 구주로 믿는 성도들은 성령의 인치심을 받는다(고후 1:22, 엡 1:13-14, 4:30). 성령의 인침은 신자가 하나님의 특별한 소유된 백성임을 보증하는 표지가 된다. 그렇다면 하나님의 백성이 받는 도장에는 어떤 이름이 새겨져 있을까? 바로 하나님과 어린 양의 이름이다(계 14:1, 22:4). 주의 소유된 백성임을 나타내는 것이다(벧전 2:9 참조).

이 세상에 재앙의 심판이 억제되고 있는 동안 천사는 이 땅을 두루 돌아다니며 하나님 백성들의 이마에 도장을 찍는다. 요한은 환상 중에 천상에서 인침을 받은 자가 얼마나 되는지 그 수를 듣는다. 그 수는 이스라엘 자손 각 지파 중에서 나온 인침 받은 십사만 사천이었다.

잠깐, 환난 중에 구원받는 자가 오직 이스라엘 백성 십사만 사천이란 말인가? 하지만 이 숫자를 공표하는 이스라엘 열두 지파의 목록을 듣다 보면 무엇인가 이상하다.

유다 지파 중에 인침을 받은 자가 일만 이천이요
르우벤 지파 중에 일만 이천이요
갓 지파 중에 일만 이천이요
아셀 지파 중에 일만 이천이요
납달리 지파 중에 일만 이천이요
므낫세 지파 중에 일만 이천이요

시므온 지파 중에 일만 이천이요

레위 지파 중에 일만 이천이요

잇사갈 지파 중에 일만 이천이요

스불론 지파 중에 일만 이천이요

요셉 지파 중에 일만 이천이요

베냐민 지파 중에 인침을 받은 자가 일만 이천이라.

이들 지파 이름을 가만히 살펴보면 이스라엘 열두 지파의 정식 이름과는 다르다. 먼저, 레위 지파의 등장이다. 원래 구약 이스라엘 열두 지파에는 레위가 빠진다. 성막 봉사를 위해 따로 구별되었기 때문이다. 또 요셉 지파가 들어 있다. 원래 열두 지파에는 요셉이 없다. 대신 요셉의 두 아들 므낫세와 에브라임이 들어갔다. 두 지파가 새로 들어간 대신 단과 에브라임이 빠졌다. 특이한 것은 열두 지파의 순서 중 예수 그리스도가 나신 유다 지파가 가장 먼저 등장한다는 점이다. 이는 천상에 있는 열두 지파는 구약의 열두 지파와 다른 유다 지파의 자손을 중심으로 한 새로운 이스라엘 열두 지파로 구성됨을 보여준다. 이는 종말에 새롭게 하나님의 백성을 구성하는 새로운 열두 지파, 참된 이스라엘을 상징하는 것이다. 이들은 하나님이 옛 이스라엘에서부터 약속하신 유업을 이어받을 참된 상속자들이다. 하나님의 구원 경륜이 완성되는 마지막에는 구약 이스라엘과 신약 백성의 구분이 없어지고 그리스도 안에서 새로운 한 이스라엘로 세워진다.

천상에서 인침을 받은 새 이스라엘의 숫자를 귀로 듣기만 했던 사도 요한은 이제 장엄하고도 감격스러운 새로운 장면을 직접 보게 된다. 십사만 사천의 인침 받은 하나님의 새 이스라엘이 천상에 모여 하나님을 찬양하는 장면이다. 그런데 이들을 직접 살펴보니 각 나라와 족속과 백성과 수많은 다른 언어권에서 나온, 그 수를 셀 수 없을 만큼 큰 무리였다. 이처럼 듣는 것과 보는 것 사이의 현격한 차이는 5장에서도 등장한다. 유대 지파의 사자에 대한 말을 듣고 직접 보니 죽임을 당한 것 같은 어린 양이 서 있었다(계 5:5-6). 이들은 모두 거룩함과 순결함을 상징하는 흰 두루마기를 입고, 종려나무 가지에 손을 들고, 하나님의 보좌 앞과 어린 양 앞에 서서 찬양을 드리고 있었다.

큰 무리가 입은 흰 옷은 이기는 자들에게 주기로 약속했던 승리의 옷이기도 하다(계 3:4-5). 이렇게 볼 때 천상에서 흰 옷 입은 이들은 지상에서 믿음의 치열한 전쟁에서 승리한 이들, 곧 이긴 자들이다. 예수께서는 환난과 핍박 중에 분투하는 일곱 교회에 '이기는 자'가 될 것을 격려하며 생명나무, 생명의 관, 감추었던 만나, 흰 돌, 흰 옷, 만국을 다스리는 철장 권세, 보좌 등의 상급을 약속하신 바 있다. 요한의 눈앞에 펼쳐진 천상의 환상은 흰 옷을 입은 새 이스라엘이 이기는 자가 되기 위한 분투에서 마침내 이긴 자가 되었음을 보여주는 것이다.

흰 옷 입은 큰 무리가 종려나무 가지를 들고 있다는 것은 천상에서 승리의 입성, 또는 승리의 개선 행진이 이루어짐을 암시한다. 유대인의 독립전쟁인 마카비 혁명이 승리로 끝나고, 시몬 장군이 승리의 입성을 할 때 유대인들은 종려 가지를 흔들었다(마카베오상 13:51). 예수께서 예루살렘 성으로 승리의 입성을 하실 때도 마찬가지였다 (요 12:13 참조).

가만, 이들은 원래 인침 받은 십사만 사천이 아니었는가? 그런데 갑자기 이렇게 셀 수 없이 많은 사람이 모인 것은 어떻게 된 일인가? 이스라엘이 새 이스라엘을 상징하는 것처럼 14만 4천이란 수도 하나님의 백성들이 충만하게 찬 것을 나타내는 상징하는 수였다. 성경에서 12는 구약에서는 이스라엘 열두 지파, 신약에서는 예수님의 열두 제자를 각각 상징하며, 이는 하나님의 백성을 의미한다. 이처럼 하나님의 백성을 상징하는 12에 12를 곱하고, 많음을 의미하는 1000을 곱한 수가 14만 4천이다(12×12×1000). 지파마다 1만 2천이 나와 14만 4천이 된 것은 하나님의 새로운 이스라엘이 온 세상 가운데 골고루 세워짐을 암시한다.

하지만 십사만 사천이 큰 무리라는 것은 모순적인 표현이 아닐까? 주의할 점은 하나님이 요한에게 보여주시는 환상에는 서로 모순적으로 보이는 두 대상이 실제로는 하나의 대상을 가리키는 경우가 종종 나온다는 사실이다. 요한이 하늘 보좌에서 보았던 유대 지파의 사자를 죽임당한 어린 양으로도 본 것(계 5:5-6)과도 유사하다. 연달아 등장하는 서로 다른 환상이 실제로는 같은 대상을 가리킨다. 마찬가지로 귀로만 들었던 십사만 사천을 직접 보니 흰 옷 입은 큰 무리의 성도들로 나타난다.

〈Adoration of the Mystic Lamb〉(반 아이크 형제 作, 1432년, 성바프 대성당, 벨기에 겐트). 이 작품은 레오나르도 다빈치의 〈최후의 만찬〉과 더불어 기독교 미술에서 가장 경이로운 작품으로 손 꼽히는 겐트 제단화 12개의 그림 중 중앙에 있는 〈어린 양에 대한 경배〉이다. 겐트 제단화는 2층짜 리 병풍형 그림으로 열렸다 닫혔다 한다.

이때 흰 옷 입은 큰 무리는 손에 종려 가지를 들고 하나님의 보좌 앞과 어린 양 앞에 큰 소리로 외쳐 찬양한다.

"구원하심이 보좌에 앉으신 우리 하나님과 어린 양에게 있도다" (계 7:10).

왕 같은 제사장들이 목청껏 부르는 크고 우렁찬 찬송은 앞서 어 린 양이 두루마리를 취할 때 네 생물과 이십사 장로가 찬양했던 비 전이 실현됨을 보여준다(계 5:9-10 참조).

한편 흰 옷 입은 큰 무리의 이러한 찬송은 앞서 "진노의 큰 날이 이르렀으니 누가 능히 서리요"라는 질문(계 6:17)에 대한 확실한 대답이기도 하다. 진노의 큰 날에 설 수 있는 자는 오직 어린 양의 피를 힘입은 인침 받은 하나님의 새 이스라엘이다!

인침 받은 십사만 사천의 웅대한 찬양이 울려 퍼지자 하나님의 보좌와 네 생물과 장로들 주위에 서 있던 모든 천사가 보좌 앞에 엎드려 얼굴을 대고 하나님께 경배한다.

> "이르되 아멘. 찬송과 영광과 지혜와 감사와 존귀와 권능과 힘이 우리 하나님께 세세토록 있을지어다. 아멘 하더라"(계 7:12).

이때 장로 중 하나가 요한에게 다가와 묻는다. "이 흰 옷 입은 자들이 누구며 또 어디서 왔느냐"(계 7:13). 여기 등장하는 장로는 이십사 장로 중 하나로, 전에 요한에게 누가 두루마리의 일곱 인을 뗄 것인가를 알려주었던 적이 있다. 요한은 겸손하게 "내 주여 당신이 아시나이다"라고 대답한다. 여기서 '주여'는 존경을 표현하는 칭호다. 오늘날의 표현으로 바꾸면 "장로님, 장로님께서 잘 알고 계십니다"(새번역)가 된다. 그러자 장로는 설명을 해준다.

> "이는 큰 환난에서 나오는 자들인데 어린 양의 피에 그 [두루마기] 옷을 씻어 희게 하였느니라. 그러므로 그들이 하나님의 보좌 앞에 있고, 또 그의 성전에서 밤낮 하나님을 섬기매 보좌에 앉으

신 분이 그들 위에 장막을 치시리니, 그들이 다시는 주리지도 아니하며 목마르지도 아니하고 해나 아무 뜨거운 기운에 상하지도 아니하리니, 이는 보좌 가운데에 계신 어린 양이 그들의 목자가 되사 생명수 샘으로 인도하시고 하나님께서 그들의 눈에서 모든 눈물을 씻어주실 것임이라"(계 7:14-17).

어린 양의 피를 힘입어 죄 사함을 받고 끝까지 믿음의 분투에서 최후로 승리한 성도는 하나님의 전에서 영원토록 하나님을 즐거이 예배할 것이다. 또한 하나님의 장막에서 모든 고난과 결핍이 제거된 풍성한 생명을 누릴 것이다. 하나님은 친히 이들의 모든 눈물을 씻어주실 것이다. 성도들이 이 땅에서 고난 중에 흘렸던 피눈물을 잊지 않고 기억하고 계셨던 것이다. 하나님은 이 모든 눈물을 닦아주시고, 모든 상처와 아픔을 치유해주실 것이다. 그 생생하고도 온전한 성취를 보려면 우리는 요한계시록 21~22장을 기다려야 한다.

금 향로와
일곱 나팔

천상의 승리한 성도들의 장엄한 찬양에 흠뻑 도취되었던 요한의 환상은 다시 어린 양이 마지막 일곱째 인봉을 떼는 장면으로 돌아온다. 요한은 어린 양이 여섯째 인을 뗄 때 세상이 초토화되고 진노의 심판이 임박했음을 보았다(계 6:12-17). 그렇다면 마지막 일곱째 인이 떼어질 때 세상은 과연 어떻게 될까? 요한은 긴장 가운데 일곱째 인이 떼어지는 것을 지켜보았다. 마침내 인이 떼어졌다. 무엇인가 큰 일이 있을 것 같았다. 하지만 하늘은 고요해졌고, 이 고요함은 반 시간 동안 계속되었다. 일곱째 인의 재앙이 고요함이라는 것을 알게 된 순간 독자들을 당황할지 모른다. 그러나 구약성경에서 이러한 고요함은 하나님께서 온 땅을 잠잠케 하시는 것으로, 조만간 닥칠 거대한 심판과 재앙을 예고하는 것이기도 하다(합 2:20-3:15, 슥 2:13-3:2, 습 1:7-18).

이 정적의 시간 동안 천상의 천사 일곱이 하나님 앞에 일곱 나팔을 받는다. 조만간 일곱 천사가 차례대로 나팔을 불 모양이다. 이때 다른 천사 하나가 금 향로를 가지고 하나님의 보좌 앞 금 제단으로 나아간다. 원래 '반 시간' 은 예루살렘 성전에서 아침마다 하나님께 드리던 제사의 향을 피우는 시간을 의미한다. 하나님께 분향하는 것은 향이 성도의 기도와 하나님 앞에 향기롭게 올려지기를 바라며 드렸던 예배 행위였다(시 141:2). 분향할 때 하늘이 고요한 것은 하나님이 그의 백성들의 기도를 듣기 위해서 하늘을 조용하게 하신 것이다. 천사는 금 향로에 향을 가득 담아 성도의 기도와 함께 보좌 앞 금 제단에 올려드린다.

우리는 앞서 이십사 장로가 향이 가득한 금 대접을 가진 것을 보았다(계 5:8). 어린 양이 하나님의 오른손에 있는 두루마리를 취할 때 장로들이 들고 있던 금 대접에는 향이 가득했다. 향은 성도들의 기도였다. 이십사 장로들은 마치 제사장 24반차에 따라 하나님께 제사드렸던 것처럼 천상에서 성도들을 대표하여 하나님께 기도를 올려드렸다.

금 향로의 향연이 성도들의 기도와 함께 하나님께 올려졌다. 향연이 올라가자 천사는 금 향로를 가지고 하나님 보좌 앞에 있는 제단의 불을 담아 땅에 쏟아부었다(계 8:4). 그러자 우레와 음성과 번개와 지진이 일어났다(계 8:5). 성도들의 기도가 천상의 하나님께 상달되어 그 응답으로 이제 본격적인 거대한 심판이 일어나려 하는 것이다. 성도들의 기도는 무엇이었을까? 이를 짐작하게 하는 것이 다섯째 인을 뗄 때 순교자들의 영혼이 하나님의 제단 아래서 드렸던

〈밤베르크 묵시록〉 삽화. (위) '일곱 천사와 일곱 나팔', (아래) '향로를 가진 천사'

기도이다(계 6:9-10). 순교자들은 자신들의 피를 속히 갚아 하나님의 공의가 회복되게 해달라고 기도했다. 일곱 인 재앙을 통해 이 땅에서 핍박받던 성도들이 올렸던 간절한 탄원의 기도가 이제 응답되는 것이다.

이때 요한은 일곱 나팔을 받은 일곱 천사가 나팔 불 준비를 마친 것을 보았다(계 8:6).

이윽고 첫째 천사가 나팔을 불었다(계 8:7). 그러자 피 섞인 우박과 불이 나와 땅에 쏟아졌다. 땅 삼분의 일이 타고 수목도 삼분의 일이 타버렸다. 그리고 각종 푸른 풀도 타버렸다. 피 섞인 우박과 불이 쏟아지는 것은 이것이 단순한 자연재앙이 아니라 죄에 대한 징계와 심판임을 보여준다. 하지만 멸망의 범위가 아직 세상 삼분의 일로 국한된 것은 세상을 완전히 멸망시키지 않고 회개의 기회가 있음을 암시한다. 이 땅의 사람들은 이런 재앙을 보고 할 수 있는 한 회개하고 주께 돌아와야 한다.

둘째 천사가 나팔을 불자 이번에는 불붙는 큰 산이 뿌리째 뽑혀 바다에 던져진다. 그러자 바다 삼분의 일이 피가 되고, 바다 생물 삼분의 일이 죽고, 바다를 운행하던 배 삼분의 일이 파괴된다. 불붙은 산의 모습은 바벨론을 심판하는 예레미야의 말씀을 떠올린다.

"여호와의 말씀이니라. 온 세계를 멸하는 멸망의 산아 보라. 나는 네 원수라. 나의 손을 네 위에 펴서 너를 바위에서 굴리고 너로 불 탄 산이 되게 할 것이니"(렘 51:25).

하나님은 바벨론을 멸망의 산으로 말씀하시며 그를 불탄 산이 되게 할 것이라고 저주하신다. 따라서 여기 불탄 산은 온 세상을 지배하는 바벨론과 같은 제국, 곧 로마를 의미한다. 고대인들은 산이 땅 깊은 곳에 뿌리박고 있다고 생각했다(욥 28:9 참조). 그런데 큰 산에 불이 붙더니 뿌리째 뽑혀 바다에 던져진다. 제국의 근간이 뿌리 뽑혀 던져지는 것이다. 이로 인해 바다도 커다란 피해를 본다. 바다 생물이 죽고 배들이 파괴된다. 그동안 기세등등했던 제국을 뒷받침하던 해상 국제무역과 수산업, 그리고 해군 전력이 폐허가 되는 것이다.

셋째 천사가 나팔을 불자 이번에는 횃불같이 타는, '쓴 쑥'이라 불리는 큰 별이 하늘에서 떨어져 강들의 삼분의 일과 여러 물샘에 독성을 퍼뜨린다. 물샘은 땅속에서 솟아나는 샘물을 말한다. 이로 인해 식수가 오염되어 쓴물로 변해 많은 사람이 죽는다.

넷째 천사가 나팔을 불자 해, 달, 별의 삼분의 일이 타격을 받아 세상이 어두워진다. 어둠은 하나님의 엄중한 종말적 심판이 임할 때 천지에 나타나는 현상이다. 그나마 삼분의 일이 타격을 받아 어두워진 것은 아직 최종적인 심판이 임하지 않았음을 나타내며 돌이킬 여지가 있음을 보여준다.

이러한 재앙들은 상당 부분 출애굽기에 등장하는 열 가지 재앙을 닮았다. 첫째 나팔 재앙은 애굽에 내린 일곱 번째 재앙을, 둘째와 셋째 나팔 재앙은 애굽에 내린 첫째 재앙을, 네 번째 나팔 재앙은 애굽의 아홉 번째 재앙을 닮았다. 이는 하나님께서 구원 역사를 이루어가기 위해 애굽제국을 징계하며 회개를 요청할 때 내렸던 재앙들과 유사하다. 앞서 일어났던 일곱 인 재앙(계 6장)이 제국에 일어날 대격변을 통해 성도에게도 닥칠 환난에 강조점이 있다면, 일곱 나팔은 제국에 대한 하나님의 경고와 심판을 뜻한다. 하나님은 나팔 재앙을 통해 1세기 온 세상을 호령하며 성도들을 핍박했던 제국을 애굽제국과 같은 방식으로 심판하는 것이다.

이때 독수리가 공중을 날아가며 큰 소리로 땅에 사는 자들에게 외친다.

"화, 화, 화가 있으리니 이는 세 천사들이 불어야 할 나팔소리가 남아 있음이로다"(계 8:13).

이 독수리의 정체는 무엇일까? 구약에서 독수리는 민첩하고 힘 있으며 구원의 능력을 의미하는 짐승으로 묘사된다(사 40:31). 천상에는 하나님 보좌 곁에 있는 네 생물 중 하나가 '날아가는 독수리' 같은 모습을 하고 있었다(계 4:7). 여기서 독수리는 하나님의 메신저, 곧 천사를 가리킨다. 이 천사는 14장에 가면 땅에 거주하는 모든 민족과 종족과 방언과 백성에게 전할 영원한 복음을 갖고 날아가기도 한다(계 14:6).

이미 첫째부터 넷째 나팔 재앙까지 온 세상이 제국에 떨어진 재앙으로 커다란 충격을 받고 혼비백산했을 것이다. 그런데 천사는 아직 재앙이 더 남아 있다고 한다. '화'를 세 번이나 말하는 것은 앞으로 다가올 남은 재앙 셋, 곧 다섯째, 여섯째, 일곱째 나팔의 재앙이 이 땅에 거하는 사람들에게 내리는 본격적인 재앙이 됨을 뜻한다. 그렇다면 앞으로 다가올 재앙은 얼마나 더 끔찍한 것들일까? 할 수 있는 한 빨리 회개하고 돌이켜야 한다.

무저갱에서
나오는
황충과
유브라데에
결박한 네 천사

✽ 다섯째 나팔, 첫째 화 계 9:1-12

    다섯째 천사가 나팔을 불었다. 이제부터 본격적인 '첫째 화'가 이 땅에 임할 것이다. 요한이 시선을 돌리자 하늘에서 별하나가 땅으로 빠르게 수직 낙하한다. 별은 하나님의 심부름을 수행하는 사자, 곧 천사다. 가만 보니 그의 손에는 하늘에서 건네받은 무저갱의 열쇠가 있었다. 무저갱(無底坑, abyss)은 없을 '무', 아래 '저', 구덩이 '갱'으로, 말 그대로 바닥없는, 밑 닿은 데가 없는 구렁텅이(the bottomless pit, NRSV)를 뜻한다. 바닥이 없으면 어떻게 될까? 한 번 떨어지면 계속해서 떨어지기만 한다. 이는 사탄이 활동하지 못하도록 결박하여 가두어 두는 곳을 말한다.

    무저갱은 어디 있을까? 주목할 점은 천사 '별'이 내려온 곳이 이 지하세계가 아니라 땅이라는 것이다. 그렇다면 무저갱은 이 땅 어딘

가에 있는 것일까? 누가복음 8장에 보면 예수께서 거라사 무덤 사이에서 귀신 들려 있는 사람을 치유하시며, 그 안에 있는 귀신을 내쫓으려 하신다. 그러자 귀신들은 예수께 '무저갱'으로 들어가라 하지 마시기를 간구했다(눅 8:31). 같은 표현을 마가복음은 귀신들이 자기를 '그 지방'에서 내보내지 마시기를 간구했다고 말씀한다(막 5:10).

그 지방에서 내보내는 것이 곧 무저갱에 들어가는 것일까? 장소의 개념으로 보면 서로 모순적으로 보인다. 이는 무저갱이 단순히 장소의 개념만이 아님을 의미한다. 무저갱은 불못도 아니고 음부도 아니다(계 20:10,13-14). 무저갱은 주권이 미치는 영역의 개념을 포함한다. 예수께서 하나님의 나라에 대해서 이렇게 말씀하신 바 있다. "또 여기 있다 저기 있다고도 못하리니 하나님의 나라는 너희 안에 있느니라"(눅 17:21). 하나님의 나라를 장소가 아닌 통치와 주권의 개념으로 말씀하신 것이다. 무저갱도 마찬가지다. 사탄의 주권이 결코 이 땅 가운데 미치지 못하도록 하나님이 결박하여 가두어 두는 깊이 감추어진 영역을 무저갱이라고 한다.

무저갱은 이 땅과 연결되어 있다. 이 무저갱을 천사가 하늘에서 열쇠를 받아서 내려와 잠시 열어둔다. 그러자 큰 화덕의 연기 같은 것이 올라오며 하늘을 가득 채운다. 이때 연기 사이에 한 무리의 형체가 등장한다. 가까이 보니 섬뜩한 모양의 거대한 누런 메뚜기들, 곧 황충들이 보인다.

황충의 모양은 기괴하고 섬뜩했다. 꼭 전투 채비를 갖춘 말처럼 보였다(계 9:7). 머리에는 금 면류관 같은 것을 쓰고, 그 얼굴은 사람

〈다섯째 나팔 황충 재앙〉(필립 메드허스트(Phillip Medhurst) 作, 2008년)

의 얼굴과 같았다. 여자의 머리털같이 긴 머리카락을 갖고 있었고, 입에는 날카로운 이를 드러내는데 꼭 사자의 이빨과 같았다(계 9:8). 황충이 쓰고 있는 금 면류관 같은 것은 사람을 속이기 위한 가짜 면류관이다. 왜냐하면 원래 면류관은 승리 후 받는 것이기 때문이다. 황충은 잠시 풀려나 활동하는 것을 마치 자신이 승리의 정복자라도 된 것인 양 으스대며 사람들을 미혹하려 한다. 게다가 사람 모양의 얼굴은 인격적인 미혹이 가능함을 의미한다. 또 여자의 긴 머리카락은 이들을 음란하게 미혹할 수 있는 존재임을 보여준다. 황충은 철로 된 호심경, 곧 가슴을 보호하는 갑옷을 두르고 날갯짓하는데, 그 날갯소리가 마치 말들이 끄는 병거가 싸움터로 질주하는 소리 같았다. 황충의 꼬리에는 전갈과 같은 꼬리와 침이 달려 있었는데, 그 꼬리에는 다섯 달 동안 사람을 해할 수 있는 전갈의 권세가 있었다. 잘못 걸려들었다가는 큰일 나게 생겼다.

황충들은 무저갱에서 풀려나며 명령을 받는다.

"땅의 풀이나 푸른 것이나 각종 수목은 해하지 말고 오직 이마에 하나님의 인침을 받지 아니한 사람들만 해하라"(계 9:4).

일반적으로 메뚜기는 떼로 몰려다니며 농작물들을 닥치는 대로 먹어 치우곤 한다. 그러나 무저갱에서 올라온 황충 떼는 이와는 다른 특별한 사명이 있는데, 그것은 이마에 하나님의 인침을 받지 아니한 제국의 사람들만 쏘아 해치는 사명이다. 이 사명을 위해 각종 수목을 해치지 말라고 한 것이다. 인침 받지 아니한 이 땅의 사람들은 짐승(계 13:1)과 귀신과 우상을 숭배하며 살인과 주술과 음행과 도둑질을 일삼던 이들이다.

황충이 가진 전갈의 권세에 쏘이면 그 고통은 상상을 초월한다. 전갈에 쏘이는 것과 같은 끔찍한 괴로움을 겪는다. 오죽했으면 죽기를 구할 정도이겠는가? 황충에게 쏘이면 죽고 싶어도 죽음이 피할 것이다. 왜? 하나님이 죽음을 허락하시지 않기 때문이다. 하나님은 이런 고통을 통해 이들이 멸망하는 것이 아니라 제국의 백성들이 하나라도 짐승과 우상에게서 돌이켜 회개하고 돌아오기를 바라신다. 그러한 이유로 황충이 쏘는 기간을 다섯 달로 제한하셨다. 다섯은 많음을 의미하는 10의 절반이다. 하나님은 계속되는 재앙 가운데서도 어떻게든 세상을 진멸시키지 않고 사람들이 회개할 기회를 주기 위하여 진노 중에 긍휼을 베푸신다.

요한은 수없이 올라오는 메뚜기떼 가운데 황충의 왕을 보았다. 히브리어로 '아바돈', 헬라어로 '아볼루온', 곧 파괴자(destroyer)라 불리는 자였다. 파괴자를 따르는 황충들은 어떻게든 사람을 헤치고 멸망시키기 위해 혈안이 되어 사람들에게 덤벼든다. 예수님은 사람에게 생명을 얻게 하고 풍성히 얻게 하려고 오셨지만, 황충은 속이고 죽이고 멸망시키려 무저갱에서 풀려난 것이다(요 10:10 참조).

주목할 것은 '아볼루온'은 그리스 신화에서 제우스의 아들로 태어나 태양과 음악, 궁술, 재앙의 신 등으로 알려진 아폴론과 발음이 유사하다는 점이다. 아폴론에 대한 상징 중 하나가 황충, 곧 메뚜기

〈크리스천과 아볼루온의 전투〉(H. C. Selous and M. Paolo Priolo 作, 1850년, 존 번연의 「천로역정」에 실린 삽화)

다. 이것은 황충의 세력이 제국의 통치자와 그의 하수임을 은연중에
나타나는 상징이다. 그동안 백성을 핍박하는 제국의 활동이 감금되
고 억제되어 있다가 어느 순간 갑자기 풀려나 백성들을 공격하고 있
는 것이다.

하지만 이토록 기세등등한 황충이라고 할지라도 그들에게 허락

된 기간은 다섯 달의 제한 된 기간이다. 아무리 사람을 죽고 싶게 만들 수 있는 무시무시한 황충이라고 하더라도 하나님의 주권 안에 제한된 활동만 할 수 있는 한계 있는 존재임을 보여준다. 제국이 아무리 기세등등하고 무시무시해도 그 힘과 권세는 하나님이 정하신 한계를 넘어가지 못한다. 이로써 독수리 같은 천사가 공중에 날아가며 예고했던 첫째 화는 지나갔다. 그리고 아직 세상에 다가올 화 둘이 남아 있다.

✳ 여섯째 나팔 계 9:13-21

　　　이때 사도 요한은 여섯째 천사의 나팔소리를 듣는다. 이 나팔은 이 땅에 쏟아지는 본격적인 둘째 화를 알리는 나팔이다(계 8:13). 천사가 나팔을 불자 하나님의 보좌 앞에 있는 금 제단의 네 뿔에서 한 음성이 들린다. "큰 강 유브라데에 결박한 네 천사를 놓아주라"(계 9:14). 천사를 놓아주라는 명령은 분명 하나님의 음성이다. 그렇다면 유브라데에 결박한 네 천사는 어떤 천사들일까? 주목할 것은 '네 천사' 앞에 있는 정관사다. 이를 살려 번역하면 '그 네 천사' 다. 이는 앞서 네 천사가 등장했음을 전제한다. 네 천사는 앞서 7장에서 땅의 사방에 바람을 붙잡아 이 땅과 바다에 바람을 불지 못하도록 억제당한 네 천사로 등장했다. 이들은 하나님의 택한 종들 십사만 사천의 이마에 인치는 동안 그 활동이 억제되었다. 하지만 이제는 인치는 활동이 끝났고 이제는 세상에 재앙을 가져올 천사 활동의 제한령이 걷혔다. 이제 네 천사는 세상에 바람을 불게 하여 불신자들이 판치는 세상에 본격적인 재앙과 고통을 일으킬 것이다.

마침내 그동안 땅 사방에 억제되어 있던 천사들이 유브라데에 풀려났다. 결박에서 풀려난 네 천사는 하나님께서 정하신 특정한 년, 월, 일, 시에 온 세상 사람 삼분의 일을 죽이기로 준비된 자들이었다(계 9:15). 재앙을 가져오는 천사들은 철저히 하나님의 통치 주권과 경륜 아래 있었다.

네 천사는 단독으로 공격하지 않는다. 불경건한 영적세력인 수많은 마병대를 동원한다. 이들의 수는 이만 만, 곧 이만(20,000)에 만(10,000)을 곱한 수로 2억(200,000,000)에 이르는 숫자다. 이러한 규모의 군대는 이 세상 그 어떤 군대와도 비교할 수 없는 강력한 군대다. 1세기 당시 로마제국의 군대가 총 24군단, 12만 5천 명이었다. 군사의 숫자로만 단순히 비교해도 무려 거의 2천 배 차이가 난다. 2억이란 숫자는 1세기 전 세계의 인구 수와 엇비슷했다. 이는 온 세상에 재앙을 가져오는 마병들의 규모가 압도적으로 많고 강력하여 이 세상 그 누구도 감히 저항할 수 없다는 것을 상징적으로 보여준다.

요한은 환상 가운데 마병대의 모습을 본다(계 9:17). 이들은 불빛과 자줏빛과 유황빛을 띤 호심경을 가슴에 부착하고 있었다. 이러한 색깔은 파멸과 심판의 분위기를 보여준다. 자줏빛은 지옥의 연기같이 푸르고 붉은색이 섞여 있는 색이고 유황빛은 지옥 불을 연상시킨다. 마병대가 탄 말의 머리는 기괴하다. 머리는 사자 머리 같고, 그

사자의 머리, 염소의 몸통, 뱀의 꼬리를 가진 청동 키메라상. 주전 400–375년 것으로 추정

입에서는 불과 연기와 유황이 나온다. 이만 만이나 되는 말들의 사자머리 입에서 불과 연기와 유황이 뿜어져 나온다. 이것으로 사람 삼분의 일이 죽임을 당한다.

사람들을 해치는 것은 입만이 아니다. 뱀 같은 말의 꼬리도 사람을 해친다. 꼬리가 뱀 같다는 것은 꼬리에 뱀처럼 사람을 해하는 힘이 있음을 뜻한다. 특이한 것은 꼬리에 뱀 같은 머리가 달려서 사람을 물고 해를 가하는 것이다. 이러한 모습은 그리스-로마 신화에 나오는 키메라를 닮았다.

키메라는 사자의 머리를 가지고, 몸통은 염소, 꼬리는 뱀의 꼬리를 갖고 있다. 가공할 위력을 가진 2만 만의 마병대는 온 인류를 멸망시킬 힘과 권세를 갖고 있다. 그런데도 삼분의 일만 멸망시키라고

하신 것은 아직 세상이 회개하고 돌아오기를 원하는 하나님의 뜻이 있기 때문이다. 끔찍한 파멸의 힘을 경험했다면 마땅히 하나님께 회개하고 돌아와야 하지 않을까? 그러나 이들은 오히려 더욱더 우상 숭배와 악에 몰두하며 회개하지 않는다.

"이 재앙에 죽지 않고 남은 사람들은 손으로 행한 일을 회개하지 아니하고 오히려 여러 귀신과 또는 보거나 듣거나 다니거나 하지 못하는 금, 은, 동과 목석의 우상에게 절하고 또 그 살인과 복술과 음행과 도둑질을 회개하지 아니하더라"(계 9:20-21).

힘센 천사의
손에 펴놓인
두루마리를 먹다

이제 마지막 셋째 화, 곧 일곱째 나팔이 남았다. 나팔이 계속될수록 강도를 더해 가는 재앙에 사도 요한은 바짝 긴장되었다. 둘째 화, 곧 여섯째 나팔 재앙으로도 회개하지 않던 이 땅의 강퍅한 사람들에게 마지막 셋째 화, 곧 일곱째 나팔 재앙이 임하면 과연 어떤 일이 일어날까? 긴장감이 더해 갈 무렵, 요한의 눈앞에는 새로운 환상이 펼쳐진다.

눈을 들어보니 힘 센 다른 천사가 구름에 싸여 하늘에서 내려온다. 앞서 한 힘 센 천사가 천상의 보좌 앞에 등장했던 적이 있다. 그는 큰 소리로 "누가 그 두루마리를 펴며 그 인을 떼기에 합당하냐"(계 5:2)고 외쳤었다. 하지만 여기 등장하는 힘 센 천사는 이전의 천사와 또 다른 힘 센 천사다. 그의 모습이 인상적이다. 머리 위에는 무지개가 있고, 얼굴은 해 같으며 발은 불기둥 같다. 이런 모습, 왠지 익숙하지 않은가? 그렇다. 밧모섬에서 요한에게 나타난 그리스도의 모습과 비슷하다(계 1:13-16 참조). 지금 요한이 보는 또 다른 힘 센 천사는 그리스도는 아니지만 이런 모습을 통해 자신이 그리스도의 권위를 가지고 그의 심부름 사역을 감당하는 중임을 나타낸다.

천사는 한 손에 펴 놓인 작은 두루마리를 들고 오른발은 바다를, 왼발은 땅을 밟은 채 사자의 포효와 같이 우렁찬 소리로 외친다. 이는 천사의 활동 범위와 영향력이 온 세상을 포괄하며, 그가 우렁차게 외치는 것은 온 세상을 향해 선포할 전 지구적인 메시지가 있음을 의미한다. 이것을 보여주는 것이 그의 손에 펴 놓인 작은 두루마리다. 원래 이 두루마리는 5장에 하나님의 손에 놓여 있던 것을 어린 양이 취해 일곱 인을 떼 놓은 것이다. 봉인은 하나씩 열렸고, 마침내 다 해제되어 온 세상에 하나님의 구속 경륜이 펼쳐졌다. 예수께서는 두루마리의 인봉을 모두 떼고 이를 천사에게 전달한 것이다(계 1:1 참조). 천사가 받은 두루마리가 작은 것은 구속 경륜을 교회가 감당할 만하도록 전달했기 때문이다. 파송할 복음의 증인이 받아먹기에 적당한 크기의 두루마리로 작게 전달한 것이다.

천사가 큰 소리로 외칠 때 일곱 우레가 소리를 내 말하기 시작한다(계 10:3). 요한은 그동안 그랬던 것처럼 귀에 들리는 소리를 기록하려 한다. 그러자 하늘에서 "일곱 우레가 말한 것을 인봉하고 기록하지 말라"(계 10:4)는 음성이 들린다. 아니, 일곱 우레의 내용이 무엇이기에 기록하지 말라고 하셨을까? 이를 짐작할 수 있는 것이 시편 29편이다. 여기서 하나님이 일곱 번에 걸쳐 우레와 같은 음성으로 말씀하시자 땅에 재앙이 쏟아진다(시 29:3-9). 일곱 우레는

〈Angel of the Revelation〉(윌리엄 블레이크 作, 1803-1805년)

이 땅에 재앙을 가져오는 우레였다. 이렇게 볼 때 일곱 우레는 일곱 인과 나팔에 이어 세 번째로 쏟아질 재앙 시리즈일 가능성이 크다. 그렇게 되면 이 땅에 내리는 재앙은 일곱 인, 나팔, 우레, 대접의 사중의 칠 배 재앙이 된다. 레위기 26장에는 언약을 깨고 불순종하는 이스라엘 백성들을 향하여 사중의 일곱 재앙을 선언한 바 있다(레 26:18, 21, 24, 28 참조).

그렇다면 일곱 우레를 인봉하고 기록하지 말라고 한 이유는 무엇일까? 이 세상에 죄악으로 뒤틀린 것을 바로잡는 데는 일곱 우레까지 필요 없기 때문일 것이다. 긍정적인 면에서는 일곱 인, 나팔, 재앙의 세 재앙 시리즈로도 세상을 심판하기에 충분함을 뜻한다. 부정적인 면에서는 거듭되는 인, 나팔의 재앙에도 회개하지 않던 이 땅의 사람들이 우레 재앙이 임한다고 해서 회개할 가능성이 높지 않기 때문이다. 그만큼 이 땅의 사람들 중심이 완악하고 목이 곧음을 암시한다. 그래서 하나님은 일곱 우레를 건너뛰고 곧바로 마지막 일곱 대접 재앙을 준비하시는 것이다.

이때 힘 센 천사가 하늘을 향하여 오른손을 들고 하나님을 향하여 맹세하며 외친다.

"지체하지 아니하리니 일곱째 천사가 소리 내는 날 그의 나팔을 불려고 할 때에 하나님이 그의 종 선지자들에게 전하신 복음과 같이 하나님의 그 비밀이 이루어지리라"(계 10:6-7).

천사는 이제 더는 지체하지 않을 것이라고 선언한다. 앞서 하나님은 순교자들의 탄원에 대해 그 수가 차기까지 기다리라고 하셨다 (계 6:11). 그런데 이제는 더 지체하지 않을 것이다! 이제 곧 일곱째 천사가 일곱째 나팔을 불면 비밀스러운 구속 경륜이 온전히 성취될 것이다(계 11:15-19, 15-16장). 일곱째 나팔은 이 땅에 마지막 임할 셋째 화로 나팔 안에 감추어진 일곱 대접 재앙의 개시를 알리는 나팔이기도 하다. 이제 일곱 대접이 부어지면 세상은 종국을 고하고 바벨론은 세 갈래로 갈라져 멸망할 것이다. 여기서 하나님의 구속 경륜을 '비밀'(계 10:7)이라고 한 것은 하나님이 사랑하는 자들을 위해 예비하신 것이기 때문이다.

첫째 나팔부터 여섯째 나팔이 울려퍼지며 제국에 커다란 심판과 재앙이 임했다. 놀라운 것은 그런 가운데 하나님의 인 맞은 백성들은 제국에 임한 환난의 소용돌이 가운데서도 보호하심을 받으며 복음을 증거한다는 점이다. 그리고 이들은 마침내 승리할 것이다! 이것은 제국이 세상에서 무명한 자 같고 비천한 자 같은 성도들을 볼 때 이해할 수 없는 신비로운 역전의 비밀인 것이다! 장차 바벨론의 멸망과 최후의 심판(계 20:11-15) 이후 구속의 사랑을 입은 하나님의 백성들에게는 그들만이 들어가 맛볼 수 있는 새 하늘과 새 땅의 아름다운 비전이 펼쳐질 것이다(계 21-22장). 이 일곱째 나팔의 비밀은 그리스도께서 환난 중에 있는 교회를 붙드시는 일곱 별의 비밀 (계 1:20) 이후 두 번째로 언급된 비밀이다.

이때 하늘의 음성이 사도 요한에게 임한다.

"천사의 손에 펴 놓인 두루마리를 가지라"(계 10:8).

요한은 이 음성을 듣고 천사에게 나아가 "작은 두루마리를 달라"고 요청한다. 그러자 천사가 "갖다 먹어 버리라. 네 배에는 쓰나 네 입에는 꿀같이 달리라"고 한다(계 10:9). 요한은 천사의 말대로 하였다. 그러자 정말 입에서는 꿀같이 달았지만 배에서는 쓰게 되었다. 곧이어 하늘의 음성이 요한에게 임한다. "네가 많은 백성과 나라와 방언과 임금에게 다시 예언하여야 하리라"(계 10:11).

요한이 두루마리를 받아먹자 하나님의 구속 경륜이 내면화되고 그의 사명이 되었다. 입에서는 달지만 배에는 쓴 이유가 무엇일까? 구속 경륜의 말씀을 묵상하고 깨닫는 것은 황홀하고 달콤하지만, 이 말씀이 사명이 되어 나아가 전할 때는 많은 고난과 어려움의 쓴맛을 보게 될 것이기 때문이다(계 1:9 참조). 또 이 증거의 말씀은 받아들이는 사람에 따라 구원의 단맛을 경험하게도 하지만 심판의 쓴맛을 가져오기도 한다.

어린 양이 취하고 뗀 두루마리가 천사의 손을 통해 마침내 사도 요한에게 전달되었다. 이제 요한은 예수께서 인을 뗀 하나님의 구속 경륜을 모든 나라와 열방에 증거해야 한다. 하지만 이는 요한 홀로 하는 사역이 아니다. 최종적으로 교회에 전달되어 계속해서 감당하도록 할 사명이다(계 11장). 이러한 두루마리의 전달 경로는 요한계시록 서두(1:1)에 나온 것처럼 하나님 → 예수님 → 천사 → 사도 요한 → 교회로 이어진다.

〈책을 가진 천사의 출현〉(필립 메드허스트 作, 2008년)

하나님께 중요한 것은 세상이 빨리 망하는 것이 아니다. 할 수 있는 한 한 영혼이라도 하나님 앞으로 돌아와 하나님 나라의 복음의 비밀이 이루어지는 것이다. 그래서 하나님은 요한을 통해 교회를 증인으로 불러 교회를 통해 하나님의 구속 경륜인 복음이 증거되기를 원하신다. 여섯째 나팔 이후 일곱째 나팔을 기다리던 요한은 아직 세상이 혼란스럽지만 자신이 감당해야 할 사명이 있음을 새롭게 발견한다.

성전 측량과 두 증인의 예언

요한이 천사의 손에 있는 두루마리를 갖다 먹자, 지팡이 같은 갈대가 그에게 주어지며 성전을 측량하라는 하늘의 음성이 들린다.

"하나님의 성전과 제단과 그 안에서 경배하는 자들을 측량하되 성전 바깥마당은 측량하지 말고 그냥 두라. 이것은 이방인에게 주었은즉 그들이 거룩한 성을 마흔두 달 동안 짓밟으리라"(계 11:1-2).

하나님의 성전과 경배하는 자들을 측량하라는 것은 무슨 뜻일까? 이는 에스겔 40~42장을 배경으로 한다. 에스겔서에는 '놋같이 빛난 사람'으로 묘사되는 천사가 손에 측량하는 장대를 가지고 성전을 측량한다(겔 40:3,5). 이는 성전을 재건하고 이스라엘 백성들을 우상 숭배와 죄의 오염으로부터 보호하려는 조처였다. 성전을 측량하는 갈대는 지팡이처럼 일직선이고 속이 빈 작고 가벼운 갈대다.

다 자란 갈대의 길이는 약 7규빗, 즉 3.15m 정도가 된다.

하나님은 요한에게 이 측량도구로 하나님의 성전을 측량하라고 한다. 측량하는 것은 건물을 세우기 위한 행위로, 여기서는 하늘에 있는 성전의 원형을 이 땅에 세우기 위함이다. 하나님은 하늘 성전을 이 땅에 세우실 것인데, 이를 위해 요한에게 성전 내부는 측량하되 성전 바깥마당은 측량하지 말고 그냥 두라고 하신다. 예루살렘에 세워졌던 성전에 들어가면 이방인들도 들어올 수 있는 뜰, 마당이 있었다. 이것을 이방인의 뜰이라고 한다. 그런데 성전 안쪽에 제사를 위해 들어가는 곳은 이방인이 함부로 들어갈 수 없었다. 하나님은 성전 바깥마당 부분은 이방인에게 주었기에 이들이 마흔두 달 동안 짓밟을 것이라고 하신다.

이것은 이 땅에서 증인공동체인 교회가 세상에 쉽게 노출되어 취약한 상태에 있을 것임을 의미한다. 하나님은 이방인이 성전 바깥마당을 짓밟는 42개월 동안 증인공동체가 해야 할 일을 말씀하신다.

"내가 나의 두 증인에게 권세를 주리니 그들이 굵은 베옷을 입고 천이백육십 일을 예언하리라"(계 11:3).

하나님은 자신의 두 증인에게 예언사역을 수행할 권세를 주겠다고 말씀하신다. 여기 '예언'이란 장래일을 말하는 예언(豫言)이 아니라 하나님의 구속 경륜의 말씀을 맡아 선포하는 예언(預言)이다. '미리' 예(豫)가 아니라 '맡길' 예(預)다. 두 증인이 입을 굵은 베옷은 회개를 상징한다. 요나가 니느웨에 심판의 말씀을 증거했을 때 니느웨 모든 사람들이 굵은 베옷을 입고 회개하지 않았는가?(욘 3:5-8). 이처럼 두 증인이 굵은 베옷을 입고 예언한다는 것은 이들 사역의 핵심에 '회개'의 메시지가 있음을 의미한다. 이들이 예언하는 기간인 1,260일은 42개월, 3년 반과 같은 기간이다. 이는 완전한 7년의 절반에 해당하는 복음을 증거하는 기간이다.

두 증인은 이 기간에 하나님이 주신 권세로 예언하여, 그 결과 많은 이들이 회개하며 돌아오게 될 것이다. 여기서 하나님의 예언 사역이 두 증인에게 계승된다. 두 증인이 누구이기에 요한의 예언 사역을 계승할까? 이어지는 두 증인의 사역에 대한 설명을 보면 이들은 모세와 엘리야를 가리키는 것 같다. 그러나 그들의 운명은 모세와 엘리야와는 달리 순교로 끝을 맺는다(계 11:7). 그렇다면 이들은 모세와 엘리야는 아니지만 그들이 감당했던 사역적 특징을 갖는 상징적인 존재로 이해해야 한다. 이는 요한계시록이 제국의 삼엄한 감열을 피하려고 상징과 비유로 기록된 것임을 고려할 때 더욱더 그렇다.

그렇다면 두 증인이란 무엇을 상징하는 것일까? 여기서는 모세아 엘리야와 같이 하나님의 말씀을 선포하고 그의 능력을 드러내는 선지자적 사역을 감당하는 증인공동체, 곧 교회를 뜻한다. 구약에서 둘이란 숫자는 증언의 법적 유효성을 확보하기 위한 최소한의 수이다(참조. 민 35:30, 신 17:6). 이는 두 증인이 증인공동체인 교회의 예언사역이 장차 하나님 앞에 구원과 심판의 법적 효력을 갖는 중요한 사역임을 보여준다.

이 기간에 성전 바깥마당은 짓밟힐 것이다. 이는 두 증인인 교회가 복음을 증거하는 동안 이방인들에게 짓밟히는 환난이 있음을 예고한다. 그런데도 그 내부를 측량하라는 것은 하나님께서 교회공동체의 믿음을 거룩하게 지키실 것을 의미한다. 하나님은 이들의 예배 가운데 임재하시며 끝까지 인내하도록 이들의 믿음을 붙들어주실 것이다. 따라서 교회는 1,260일의 예언 기간에 환난과 어려움에 부닥치고 짓밟히게 될 것이지만, 그 믿음만큼은 하나님의 보호 아래 흔들림 없이 날로 견고해질 것이다. 1,260일, 42개월은 다니엘서에서 예언된 '한 때와 두 때와 반 때'(단 7:25, 12:7)나 '한 이레의 절반'(단 9:27)과 같은 기간으로 하나님의 백성들이 당하는 제한된 환난의 기간을 가리킨다.

다니엘서에서 이 기간은 역사적으로 안티오쿠스 4세 에피파네스의 통치하에 성전이 황폐해진 주전 167년에서 164년의 3년 반(42개월) 기간을 가리켰다. 주전 167년에는 안티오쿠스 4세의 핍박이 절정에 다다랐다. 예루살렘 성전에 멸망의 가증한 것이 서고 성전이 훼파되고 더럽혀졌다. 다니엘은 3년 반 후인 주전 164년 안티오쿠스의 죽음과 함께 성전 회복을 종말의 성취로 전망했지만, 이후 성전은 결코 온전히 회복되지 못했고, 이스라엘은 여전히 제국의 통치 아래 있었다. 그런데 지금 하나님께서 요한에게 보여주시는 것은 제국의 완전한 멸망이 오는 3년 반, 42개월, 1,260일이 두 증인인 교회가 복음을 증거하는 상징적인 기간 후에 끝날 것임을 말씀하는 것

〈성전 측량과 두 증인〉(마티아스 게룽 作, 오트하인리히 성경 삽화, 1530-1532년, 바이에른 주립도
서관, 뮌헨)

이다. 다니엘서가 예고했던 70이레의 끝은 복음 증거가 세상 끝까
지 마칠 때 끝나는 것이다. 이후 주님은 재림하실 것이다. 이는 예수
께서 성전의 멸망을 예고하며 하셨던 말씀을 생각나게 한다. "이 천
국 복음이 모든 민족에게 증언되기 위하여 온 세상에 전파되리니 그

제야 끝이 오리라"(마 24:14).

요한은 두 증인이 이 땅에서 주 앞에 서 있는 두 감람나무와 두 촛대라는 선언을 듣는다(계 11:4). 두 감람나무는 스가랴 4장의 환상에 등장한다. 스가랴의 환상에 따르면 성전의 순금 등잔대(메노라)에 있는 일곱 등잔에 관이 있는데 등잔대 곁에 있는 두 감람나무에 연결되어 거기서 흘러나오는 기름을 공급받는다. 두 감람나무는 바벨론 포로에서 돌아와 제2성전을 짓는 데 앞장섰던 대제사장 여호수아와 총독 스룹바벨을 상징한다. 이들은 각각 제사장과 왕의 역할을 감당했던 이들로, 기름부음 받은 자들이었다(슥 4:14). 이들은 주변 대적자들의 위협과 방해에도 마침내 성전 건축을 완공했다. 이는 여호와의 영, 곧 성령이 두 사람과 함께했기 때문이다. "이는 힘으로 되지 아니하며 능력으로 되지 아니하고 오직 나의 영으로 되느니라"(슥 4:6). 성전 등불을 밝힌 두 감람나무가 여호와의 영으로 충만한 두 사람이었다. 이러한 내용을 배경으로 여기 등장하는 두 증인은 왕과 제사장의 특징을 모두 갖고 예언자적 사명을 감당하는 교회를 상징한다.

마지막 남은 1,260일간 두 증인인 교회가 사역하는 모습은 흡사 엘리야와 모세를 연상시킨다.

"만일 누구든지 그들을 해하고자 하면 그들의 입에서 불이 나와서 그들의 원수를 삼켜 버릴 것이요 누구든지 그들을 해하고자 하면 반드시 그와 같이 죽임을 당하리라. 그들이 권능을 가지고

〈The Beast Shall Fight Against Them〉(필립 메드허스트 作, 2008년)

하늘을 닫아 그 예언을 하는 날 동안 비가 오지 못하게 하고 또 권능을 가지고 물을 피로 변하게 하고 아무 때든지 원하는 대로 여러 가지 재앙으로 땅을 치리로다"(계 11:5-6).

입에서 불이 나와 삼키는 것은 북왕조 이스라엘의 제8대 아하시야 왕이 병사들을 보내어 엘리야를 체포하려 할 때 일어났던 사건이다(왕하 1:10,12). 비가 오지 못하게 한 것은 아하시야의 아버지 제7대 아합 왕 때 엘리야가 삼 년 반(42개월) 동안 하늘 문이 닫혀 비가 내리지 않을 것을 예언했던 일이다(왕상 17:1). 물을 피로 변하게 하고 여러 재앙을 가져오는 것은 출애굽 이전 모세가 애굽에 시행했던 열 가지 재앙이다(출 7-12장). 이러한 사역들은 여호와 하나님만이 참된 하나님임을 알게 하여 그분의 주권을 세우기 위한 것이었다.

두 증인의 사역 또한 복음을 증거하며 하나님의 주권을 드높일 것이다. 두 증인은 성령으로 충만하여 담대하게 두루마리의 내용을 증거한다. 그런데 두 증인이 증거를 마칠 때쯤 갑자기 무저갱으로부터 짐승이 올라와 두 증인과 더불어 전쟁을 일으킨다. 짐승은 두 증인을 이기고 죽인다.

이것으로 끝이 아니다. 짐승은 잔인하게도 죽은 성도들을 제대로 장사 지내지 못하게 하고, 그 시체를 큰 성 길에 사흘 반 동안 전시한다. 증인이 죽임당한 큰 성은 영적으로 소돔이라고도 하고 애굽이라고도 하는, 예수께서 십자가에 못 박히신 곳이었다(계 11:8). 영적으로 소돔, 애굽, 예루살렘 등은 모두 하나님을 거부하는 패역한 성읍이다. 성읍의 사람들은 증인의 시체를 보고 기뻐하며 서로 예물을 보낸다(계 11:10). 두 증인이 살아 있는 동안 이들의 증언이 이들을 괴롭혔기 때문이다. 증언을 들으면 돌이켜야 하겠는데 소돔과 같은 땅에 하나님 없이 사는 것이 더 달콤했다. 그래서 이들은 이 둘 사이에 괴로워했다. 그러나 두 증인의 죽음으로 더는 갈등과 번민을 느끼지 않게 되었다.

주목할 것은 증인의 시체(dead body)가 단수형으로 기록되었다는 점이다. 이는 두 증인이, 곧 그리스도의 몸인 교회였음을 암시한다. 하지만 이들의 즐거움은 잠시였다. 삼 일 반 후 하나님으로부터

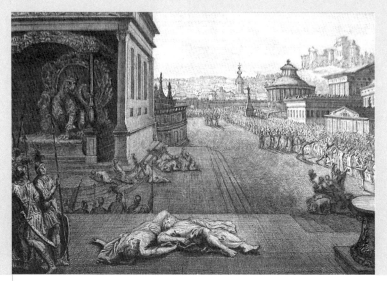

〈Two witnesses to be unbound〉(필립 메드허스트 作, 2008년)

생기가 두 증인 속에 들어가 이들은 살아난다(계 11:11). 예수께서 사흘 후 부활하신 것처럼 이들도 하나님의 성령이 들어가 사흘 만에 부활한다. 두 증인이 그리스도의 부활에 참여하게 되는 것이다.

　이때 하늘로부터 우렁찬 큰소리가 두 증인을 향하여 "이리로 올라오라"고 말씀한다(계 11:12). 이들은 그 음성을 따라 구름을 타고 하늘로 올라간다. 마치 예수 그리스도께서 재림하실 때 성도들이 구름 속에 끌어올려져 공중에서 주님을 영접하는 장면과 흡사하다(살전 4:16-17). 이들을 무덤에 장사하지 못하게 방해했던 원수들은 이들이 구름을 타고 하늘로 올라가는 장면을 눈이 휘둥그레져 구경한다. 두 증인의 의로움과 정당성을 하나님이 신원하여 주신 것이다.

이때 큰 지진이 일어난다. 큰 성읍 십분의 일이 무너지고 7천 명이 죽는다(계 11:13). 여기서 '십분의 일'과 '칠천'이란 수는 전체를 대표하는 상징적인 수다. 십일조는 소산의 십분의 일을 하나님께 드리는 것인데 이것이 전체 소산을 대표한다. 칠천은 엘리야의 기근 시대에 하나님께서 위기의 때를 위해 남겨 둔 바알에 무릎 꿇지 않은 백성의 숫자다(왕상 17:18). 여기서는 패역한 성읍의 백성들을 상징하는 숫자다. 따라서 성 십분의 일이 무너지고 칠천 명이 죽는 것은 이제 큰 성읍 바벨론과 이 땅의 악인들에게 본격적인 최후의 심판이 시작되었음을 보여준다. 큰 성읍이 무너지는 장면은 일곱째 대접 재앙 때 대접이 쏟아부어지며 큰 성이 세 갈래로 갈라지는 장면(계 16:19)을 사전에 스냅숏으로 살짝 보여주는 것이다. 이는 두 증인의 사역이 세상이 심판받을 때까지 계속됨을 보여준다. 갑작스럽게 임한 충격적인 재앙 앞에 남은 자들이 두려워하며 하나님께 영광을 돌린다(계 11:13). 그 가운데 돌이키는 자들이 생겨나는 것이다.

자, 이렇게 첫째 화(다섯째 나팔)에 이어 둘째 화(여섯째 나팔)가 지나갔다(계 11:14). 이제 셋째 화, 곧 마지막 일곱째 나팔 재앙이 다가올 것이다. 마침내 일곱째 천사가 나팔을 분다. 그러자 하늘에서 큰 음성들이 울려 퍼지며 "세상 나라가 우리 주와 그의 그리스도의 나라가 되어 그가 세세토록 왕 노릇 하시리로다"(계 11:15) 하고 찬양한다. 이 찬양은 헨델의 오라토리오 메시아에 나오는 '할렐루야' 찬양의 한 소절이기도 하다. 이는 앞으로 다가올 셋째 화를 통해 본격적으로 시작한 큰 성읍의 패망과 이 땅의 악인들에 대한 심판이 악한 원수 세력의 완전한 패망으로 심판받을 것을 예고한다. 이때 하나님 앞에 앉아 있던 이십사 장로가 얼굴을 땅에 대고 하나님을 경배한다.

> "이르되 감사하옵나니 옛적에도 계셨고 지금도 계신 주 하나님 곧 전능하신 이여 친히 큰 권능을 잡으시고 왕 노릇 하시도다. 이방들이 분노하매 주의 진노가 내려 죽은 자를 심판하시며 종 선지자들과 성도들과 또 작은 자든지 큰 자든지 주의 이름을 경외하는 자들에게 상 주시며 또 땅을 망하게 하는 자들을 멸망시키실 때로소이다"(계 11:17-18).

천상에서는 하나님이 온 세상을 심판하고 참된 왕으로 좌정하실 것을 드높인다. 이는 이스라엘이 홍해를 건넌 후 부른 모세의 노래 클라이맥스를 반영한다(출 15:13-18). 또 앞으로 펼쳐질 일곱 나팔의 재앙, 곧 셋째 화의 내용을 함축적으로 보여준다.

이때 요한의 눈앞에 하늘에 있는 하나님의 성전이 열린다. 그리고 열린 성전 문을 통해 하나님의 언약궤가 보였다(계 11:19). 구약시대에 하나님의 언약궤는 성전 가장 내밀한 곳인 지성소에 있다. 그리고 성소와 지성소 사이에는 휘장이 드리워져 있었다. 휘장을 제거하지 않고는 언약궤를 직접 볼 수 없었다. 요한이 열린 성전 문을 통해 언약궤를 본다는 것은 성소와 지성소 사이를 가로막는 휘장이 제거되었음을 뜻한다. 어떻게 휘장이 제거되었을까? 그리스도의 십자가 사역 때문이다. 예수께서 십자가에 돌아가셨을 때 성소 휘장이 위로부터 아래까지 찢어져 둘이 되었다(마 27:51, 막 15:38, 눅 23:45).

역사적으로 언약궤는 주전 587년 바벨론 느부갓네살의 침공으로 사라졌다. 유대인들은 하나님께서 이스라엘을 참되게 회복시킬 때 언약궤를 다시 찾게 하실 것으로 믿고 있었다. 이를 참고할 때 하나님의 지성소에 언약궤가 보이는 것은 하나님 나라의 참된 회복이 이루어짐을 암시한다. 이제 예수님의 공로를 의지하여 그의 피로 말미암는 새 언약을 통하여 천상의 하나님께 직접 나아가는 새 시대가 온 것이다! 요한이 언약궤를 바라볼 때 거기에는 번개와 음성과 우레와 지진과 큰 우박이 있었다. 이는 하나님의 충만한 임재를 동반하는 현상들이다(계 4:5, 8:5 참조). 이제 온 세상이 충만한 하나님의 임재로 뒤덮여 그분의 영광 안에 직접 거하는 새로운 시대가 다가올 것이다(계 21:3,22 참조).

Story Revelation
요·한·계·시·록·12

해, 달, 별을
입은
여자를
박해하는 용

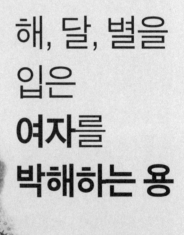

이때 요한의 눈앞에 새로운 거대한 환상이 펼쳐졌다. 해를 옷 입고, 발아래에는 달이 있으며, 머리에는 열두 별의 관을 쓴 여자가 있는 것이다. 여자는 아이를 배어 만삭이 되었는데, 해산할 때가 되자 진통과 괴로움으로 애를 쓰며 울부짖고 있었다. 이는 분명 앞서 보았던 두 증인이 감당할 하나님의 구원 경륜과 관련한 중요한 표징임이 틀림없다.

이때 또 다른 표징이 펼쳐졌다. 커다란 붉은 용이 공중에 나타났는데, 일곱 머리와 열 뿔을 가졌고 머리마다 왕관을 쓰고 있었다. 용은 기세등등하게 자기의 꼬리로 하늘의 별 삼분의 일을 휩쓸어 땅으로 내던졌다. 그러고는 해를 옷 입고 열두 별의 관을 쓴 해산하려는 여자에게 나아가 그 앞을 지키고 있었다. 여자가 아기를 낳기만 하면 곧바로 삼켜버릴 기회를 노린 것이다. 마침내 여자는 아들을 낳았다. 그런데 이 아이는 보통 아이가 아니었다. 요한은 환상 중에 그가 철장 권세를 갖고 만국을 다스릴 아이임을 직감적으로 알았다. 철장 권세를 가진 아이가 나오자 용이 아이를 삼키기도 전에 그 아이는 하나님 앞과 그 보좌 앞으로 올라갔다(계 12:5). 이는 아이가 하늘 왕위에 올랐음을 뜻한다(빌 2:8-11 참조).

용은 분했다. 화풀이할 대상으로 아이를 낳은 여자를 찾았다. 여자는 하나님이 예비하신 광야의 한 장소로 도망갔다. 그녀는 그곳에서 1,260일 동안 양육받는다. 가만, 1,260일은 앞서 두 증인이 이 땅에서 증언하는 기간 아니었는가? 기간이 같다. 그렇다면 1,260일은 두 증인이 증언하는 기간인 동시에 용의 공격을 피해 도망가 보호받는 기간이기도 한 것이다.

한편 아이가 올려져 하늘 왕좌에 앉자, 하늘에 전쟁이 일어났다. '가장 높은 군주'(단 10:13)이자 '큰 군주'(계 12:1)로 불리는 하늘의 천사장 미가엘과 그를 따르는 천사들이 용과 그를 따르는 사자들과 대격전이 벌어졌다. 용과 그의 수하들은 기세등등했지만 왕위에 오른 아이를 따르는 하늘의 천사장 미가엘과 천사들을 당해낼 수는 없었다. 결국 용은 크게 패하여 하늘에서 땅으로 내쫓겼다.

이 용을 부르는 명칭으로는 옛 뱀, 마귀, 사탄, 온 천하를 꾀는 자 등이 있다(계 12:9). 마귀는 천상에서 무엇을 했을까? 하늘의 커다란 음성은 이를 온 천하에 분명히 밝혀준다. "우리 형제들을 참소하던 자 곧 우리 하나님 앞에서 밤낮 참소하던 자가 쫓겨났고"(계 12:10). 사탄은 하나님의 백성들을 하나님 앞에 밤낮 참소하던 자였던 것이다.

〈Woman of the Apocalypse〉(Hortus delicarum 삽화, 1180년)

성경은 가끔 사탄의 참소를 보여줄 때가 있다. 사탄은 하나님 앞
에 경건한 욥을 집요하게 참소한 적이 있었다(욥 1:9-11, 2:5). 이스
라엘 백성을 대표하던 대제사장 여호수아를 참소한 적도 있었다(슥
3:1,4). 하지만 메시아의 탄생과 죽음, 부활과 승천은 인류의 모든

죗값을 자신의 피로 대속하는 놀라운 구속 역사를 완성하여 마침내 사탄의 참소를 무력화시켰다. 그 결과 인류는 메시아 예수 안에서 죄와 사망의 법에서 해방되었고, 천사들이나 권세자들이나 그 누구도 하나님께서 택하신 자들을 참소하거나 정죄할 수가 없게 되었다 (롬 8:33-34,38-39).

사탄은 여인의 후손으로 오신 메시아로 말미암아 그 머리가 상하게 되었고(창 3:15, 롬 16:20), 천상회의에서 쫓겨나 하늘로부터 떨어졌다(눅 10:18). 이제 천상 보좌 앞에는 악한 참소자 대신 새로운 변호자 또는 대언자가 서게 되었다(요일 2:1). 바로 하늘로 부활 승천하신 예수 그리스도시다. 이제 그리스도의 피를 힘입는 자는 누구나 이 땅에서 쫓겨난 용의 세력과 싸워 능히 이길 수 있다. 천상에서 울려퍼지는 큰 음성은 이를 잘 보여준다.

"내가 또 들으니 하늘에 큰 음성이 있어 이르되 이제 우리 하나님의 구원과 능력과 나라와 또 그의 그리스도의 권세가 나타났으니 우리 형제들을 참소하던 자 곧 우리 하나님 앞에서 밤낮 참소하던 자가 쫓겨났고 또 우리 형제들이 어린 양의 피와 자기들이 증언하는 말씀으로써 그를 이겼으니 그들은 죽기까지 자기들의 생명을 아끼지 아니하였도다"(계 12:10-11).

이제는 그리스도께 속한 형제들이 참소의 대장 마귀를 어린 양의 피와 증언의 말씀으로 이겼다! 그렇다면 이쯤 해서 여자가 낳은

〈Fall of the rebel angels〉(피터 파울 루벤스 作, 1621-1622년)

아기의 정체가 분명해졌다. 여인의 후손으로 온 이 아이는 하나님의 아들 예수 그리스도시다. 여인은 이 땅에 그리스도를 낳은 구약과 신약의 교회를 상징한다. 여인이 입고 있는 해, 달, 별은 구약에서 이스라엘(야곱)의 가문과 깊은 관련이 있는 상징이다(창 37:9). 열두 별은 이스라엘의 열두 지파, 곧 하나님의 백성을 상징하는 수로 열두 별은 하나님의 백성이 갖는 영광을 뜻한다. 여인이 열두 별의 면류관을 쓴 것은 하나님의 백성이 최종적인 승리의 영광을 갖게 되었음을 의미한다. 따라서 아이를 낳기 전의 여인은 구약의 교회, 아이를 낳은 후의 여인은 신약의 교회를 상징한다. 본질에서는 모두 주님의 교회이다.

용은 하늘에서 땅으로 내쫓긴 후, 이제 마음껏 활동할 때가 얼마 남지 않았음을 깨달았다. 이 얼마 남지 않은 때는 1,260일(계 12:6, 11:3), 마흔두 달(계 11:2, 13:5), 한 때와 두 때와 반 때(계 12:14)로 모두 같은 제한된 기간이다. 이는 앞서 다니엘서에서 예언한 마지막 한 이레의 절반으로(단 9:27), 이 땅에서 두 증인인 교회가 복음을 증언하는 기간이다(계 11장). 참소자 사탄의 처지에서는 할 수만 있으면 하나라도 더 자신에게 속하여 마귀의 자녀로 만들어야 한다. 하지만 천상에서 쫓겨나 참소의 권세를 잃어버리고 이 땅에서 기회도 얼마 남지 않은 것을 알자, 용은 크게 분을 내며 아이를 낳은 여자를 박해하기 시작한다.

하지만 용은 또다시 예상치 못한 당황스러운 상황을 맞이한다. 여자가 큰 독수리의 두 날개를 받아 광야에 있는 자기 처소로 날아

〈The Madonna as the apocalyptic woman on the moon〉(피터 파울 루벤스 作, 1624-1625년)

간 것이다. 여자는 거기서 뱀의 공격을 피해 돌봄과 양육을 받는다. 광야는 하나님께서 교회를 보호하고 양육하기 위해 예비하신 장소이다. 여호와를 앙망하는 자는 독수리가 날개 치며 올라감 같은 새 힘을 얻게 될 것이다(사 40:31). 여자가 받은 독수리 날개는 시련을 너끈히 이겨내도록 하나님이 공급하시는 새 힘을 상징한다. 주목할 것은 여인이 받은 독수리 날개는 '큰' 독수리의 '두 날개'라는 점이다. 이는 하나님께 공급받는 힘이 용의 공격을 넉넉히 이겨낼 정도로 충분함을 나타낸다.

옛 뱀, 곧 용은 여자를 집요하게 추격한다. 그래서 뒤로 몰래 들어와 갑자기 입에서 물을 강같이 토해 여자를 떠내려가게 하려 한다. 홍수는 성도가 당하는 환난과 박해를 상징한다. 우리는 이쯤 해서 두 증인으로 상징되는 교회가 복음을 증거로 제시하며, 왜 이렇게 어려움을 당하는지 이해할 수 있다(계 11장). 그런데도 땅이 여자를 돕는다. 땅은 그 입을 벌려 용이 홍수같이 쏟아낸 강물을 삼킨다. 이는 피조물들이 하나님의 백성을 돕기 위해 하나님의 뜻에 순종하는 역사가 일어나는 것이다(롬 8:19-20 참조).

용은 자기의 시도가 성공하지 못한 것을 알고 또다시 분노한다. 이제는 자신의 군대를 동원하여 여자의 남은 자손들을 궤멸시키기 위해 커다란 전쟁을 준비한다(계 12:17). 여기서 여자의 후손은 예수 그리스도이고, 여자의 남은 자손들은 예수 그리스도를 믿음으로 고백하여 그 안에 거하게 된 예수님께 속하여 예수님을 따르는 사람들, 곧 성도들로 하나님의 계명을 지키며 예수님의 증거를 가진 자

⟨An angel and the great red dragon⟩(필립 메드허스트 作, 2008년)

들이다. 용은 이들과 더불어 싸우려고 바닷모래 위에 선다. 바닷모래는 바다와 육지의 경계가 되는 곳이다. 용은 이제 자신 수하의 두 짐승을 불러낸다. 하나는 바다에서 나오는 일곱 머리 열 뿔난 짐승이고, 다른 하나는 땅에서 올라온 두 뿔 난 짐승이다. 이제 용은 이 두 짐승을 통해 세상에 전쟁을 전개해 나가려고 한다. 과연 이 전쟁은 어떻게 펼쳐질까?

Story Revelation

요·한·계·시·록·13

바다 짐승과
땅 짐승의
활동

* 바다 짐승의 출현 계 13:1-10

요한의 눈앞에는 새로운 환상이 펼쳐졌다. 바다가 보이는데 바다에서 한 짐승이 서서히 그 정체를 드러냈다. 바다는 구약성경에서 혼돈과 공허의 세력이 활동하는 곳이고, 흑암의 깊은 심연이 자리 잡은 곳이다(창 1:2 참조). 다른 한편 바다는 당시 제국의 활동무대였다. 제국은 바다를 건너온 세상을 제패하고 해상무역을 통해 전 세계로부터 식량과 물품들을 공급받았다.

제국의 활동무대인 바다에 나타난 짐승의 모습은 기괴했다. 머리가 일곱이었고 열 뿔이 달려 있었다. 마치 하늘에서 처소를 잃고 쫓겨난 붉은 용과 같다(계 12:3). 차이가 있다면 바다 짐승은 '열 뿔 일곱 머리' 짐승으로 소개된다는 점이다. 강조가 뿔에 있다. 또 뿔에는 왕관 열이 있다.

바다 짐승의 모습은 섬뜩했다. 표범과 같이 생겼는데 그 발은 곰의 발과 같고, 그 입은 사자의 입같이 강력한 이빨을 가졌다. 한 번 물리면 누구라도 뼈도 제대로 추리지 못할 것 같다. 이런 무시무시한 모습은 다니엘서 7장에 등장하는 네 짐승을 생각나게 한다. 이들은 독수리 날개가 있는 사자, 곰, 표범, 쇠로 된 큰 이가 있는 짐승들이다. 짐승은 나라 또는 제국을 상징한다(단 7:23). 서로 다른 짐승은 흥망성쇠를 거듭하는 제국들의 모습을 보여준다. 차이가 있다면 요한이 보고 있는 바다 짐승은 다니엘서에 나오는 네 짐승의 특성을 모두 자신 안에 하나로 결합했다는 점이다. 다니엘 7장의 네 짐승은 다니엘 시대의 제국들을 상징했다. 사자는 바벨론, 곰은 페르시아, 네 머리 달린 표범은 헬라제국과 알렉산더 대왕 사후의 4분할 된 제국, 쇠로 된 큰 이가 있는 열 뿔 달린 짐승은 로마제국을 상징했다. 이 짐승들의 머리와 뿔을 모두 합치면 일곱 머리 열 뿔이다.

바다에서 나온 짐승은 이 모든 특징을 자기 안에 갖고 나타났다. 여러 제국의 특징이 이 바다 짐승 안에 총체적으로 결합된 것이다. 중요한 점은 이 짐승이 용으로부터 능력과 보좌와 큰 권세를 받아 그의 대리자로 보냄을 받았다는 사실이다!

왜 용은 짐승에게 권세를 주어 세상에 보냈을까? 이는 용의 계속되는 실패에 기인한다. 계시록 12장에서 용은 아기를 잡아먹는 데 실패하고, 하늘 보좌에서 미가엘과의 전쟁에 패배해 땅으로 쫓겨났다. 여인을 뒤쫓다가 실패하고, 뒤로 돌아가 강물을 통해 떠내려 보내려다 실패했다. 이쯤 되면 실패의 제왕이다. 실패를 거듭했던 용은 이

〈The Beast of the Sea〉(중세 자수, 연대 미상)

제 자신이 직접 나서지 않고 자신을 대신할 대행자를 불러낸다. 이 대행자가 바다를 활동무대로 삼는 열 뿔 일곱 머리 짐승인 것이다.

짐승을 자신의 대행자로 보내는 것은 하나님께서 그 아들 예수 그리스도를 세상의 구원자로 보내는 구속 역사를 모방한 것이기도 하다. 짐승의 열 뿔은 어린 양의 일곱 뿔을 모방한 것이다(계 5:6). 일곱은 완전을 의미하지만 열은 많음을 의미한다. 짐승이 용으로부터 세상 보좌를 받은 것은 하늘 보좌에 앉으신 어린 양(계 7:10,17)을 흉내 내는 것이다.

짐승의 머리를 자세히 보니 거기에는 자신을 온 세상의 주이자 참 신이며 하나님의 아들이라고 주장하는 신성 모독하는 이름들이 즐비했다. 당시 1세기 로마제국은 여러 황제에게 신적 호칭을 붙였다. '구원자' '신' '신의 아들' '주' 등의 표현이다. 어린 양에게 돌려야 할 신적 칭호를 세상 보좌를 차지한 짐승이 가로챈 것이다.

그런데 바다 짐승에게 놀라운 일이 일어난다. 그의 일곱 머리 중 하나가 상하여 죽게 된 것 같다가, 그 죽게 되었던 상처가 낫자 온 땅이 놀랍게 여겨 짐승을 따르는 것이다(계 13:3). 이것은 '일찍이 죽임을 당한' 어린 양의 사역을 모방한 것이다(계 5:6). 이는 기독교를 잔혹하게 핍박하다 주후 86년 자살로 생을 마감한 네로에 관한 소문을 반영한다. 네로가 죽은 지 약 20여 년간 제국 내에는 다시 살아난다는 소문, 곧 '네로 재생설'(Nero Redivivus)이 파다하게 퍼지고 있었다. 네로는 죽은 것이 아니라 로마 동쪽 국경 너머 파르티아로 숨어 들어가 그곳에서 군대를 준비시켜왔고, 조만간 파르티아 군대를 이끌고 다시 로마를 침략하여 왕위를 되찾을 것이라는 일종의 음모론이 인기를 끌고 있었다. 사도 요한이 밧모섬에 유배되었을 주후 95년 전후에는 제국의 황제 도미티아누스가 기독교를 다시 극심하게 핍박하며 자신을 온 세상의 주로 숭배하게 하는 신격화 작업이 광범위하게 진행되었다. 이때 성도들은 도미티아누스를 제2의 네로라 여기며 핍박을 견뎠다.

용이 짐승의 머리를 다시 살아나게 하는 것 같은 역사를 일으키자 세상은 놀라워하며 "누가 이 짐승과 같으냐. 누가 능히 이와 더불어 싸우리요"(계 13:4) 하며 짐승을 따르고 경배한다. 짐승은 입의 권세를 받는다. 그리고 그 권세로 자신을 한껏 부풀려 자신을 온 세상의 주로 신성 모독을 말하며 세상을 미혹한다. 단, 마흔두 달 동안

만이다(계 13:5). 용에게 더 이상의 기간은 허락되지 않는다.

　온 세상을 휘두를 수 있는 권세를 받은 바다 짐승은 비록 제한된 기간이지만 기세등등하게 하나님을 비방하고 천상의 천사와 성도들을 비방한다(계 13:6). 동시에 이 땅의 성도들을 권세로 압박한다. 사로잡고 칼로 죽이는 일들을 서슴없이 자행한다(계 13:10). 이런 분위기 가운데 '어린 양의 생명책'에 기록되지 못한 이 땅의 사람들은 모두 짐승을 따르고 경배한다(계 13:8).

✳ 땅 짐승의 출현　계 13:11-18

　　　이때 요한의 눈앞에는 또 다른 환상이 펼쳐졌다. 또 다른 짐승이 땅에서 올라오는데 겉모습이 어린 양같이 온화하고 귀엽고 머리에는 앙증맞은 두 뿔이 났다. 땅에서 올라온 그 짐승은 용처럼 말을 했다. 우리는 용, 곧 옛 뱀이 에덴동산에서 하와에게 어떻게 말했는가를 알고 있다. 옛 뱀은 그럴듯한 감언이설로 아담과 하와의 마음을 흔들어 결국 불순종과 파멸로 이끌었다. 우리는 일곱 머리 열 뿔 난 용의 무시무시한 모습도 경계해야 하지만 온 천하를 꾀는 뱀 같은 땅 짐승의 간교한 사역에도 주목해야 한다(계 12:9 참조). 결국 땅 짐승은 어린 양 같은 겉모습이었지만 그 속은 용, 곧 옛 뱀과 같았다. 순수하고 귀여워 보이는 양의 탈을 쓰고 나아오는 이리 같은 존재였다(마 7:15 참조).

땅에서 나온 어린 양 같은 짐승은 먼저 나온 바다 짐승의 모든 권세를 받아 땅에 사는 모든 이들로 바다 짐승을 경배하게 하는 역할을 했다(계 13:12). 특히 바다 짐승이 죽게 되었다가 살아난 것을 대대적으로 홍보하며 경배하도록 했다. 땅 짐승은 사람들 앞에 여러 가지 놀라운 이적을 행하며 미혹하기도 했다. 심지어 사람들 앞에서 마치 엘리야 선지자를 연상시키듯 하늘로부터 불이 내려오게도 하였다(계 13:13). 이런 이적의 목적은 궁극적으로 바다 짐승을 경배하게 하는 데 있다. 땅 짐승은 바다 짐승이 "칼에 상하였다가 다시 살아난 놀랍고도 위대한 존재이니 다시 살아난 그를 위하여 우상을 만들라"고 부추겼다(계 13:14 참조).

주전 27년 아우구스투스가 처음 로마의 황제로 등극한 이후 제국에는 60여 명의 황제가 대를 이었다. 그중 36명이 황제의 칭호에 만족하지 않고 자신을 신격화했다. 신격화 작업은 대부분 황제 사후에 이루어졌지만, 유독 네로 황제(54-68년)와 요한계시록이 기록되었던 시대의 통치자였던 도미티아누스 황제(81-96년)는 자신이 살아 있을 때 신으로 추앙받기를 원했다. 도미티아누스 황제의 경우 에베소에 있는 황제 신전에 높이가 무려 7m에 달하는 거대한 자기 신상을 두었을 뿐 아니라 아내, 심지어 죽은 아들까지 신성화 작업을 진행하게 할 정도였다.

우상을 만들자 양 같은 짐승은 짐승의 우상에게 생기를 주는 작업을 한다. 그러고는 수많은 사람으로 우상이 말하는 장면을 목격하게 하여 결국 그 앞에 엎드려 경배하게 한다(계 13:15). 도대체 어떻

〈일곱 머리 짐승과 계시록 13장〉(필립 메드허스트 作, 2008년)

게 한 것일까? 정말 바다 짐승 우상이 살아나 말을 한 것일까? 이는
고대 세계에서 신상에 생기를 부여하기 위한 시도를 반영한다. 당시
의 기록에 따르면 제국의 신전을 섬기는 제사장과 마술사들은 신상
이 마치 살아 있는 것처럼 사람들에게 보여주기 위해 도르래를 세워
놓고 복화술을 하였다. 본인은 말을 하지 않는 것같이 가만히 신상
옆에 서 있는데, 신상에서 입이 움직이며 소리가 나오는 것처럼 꾸
미는 것이다. "나 아우구스투스는 지금도 온 세상을 통치하노라~."
신전 안에 날카롭게 울려퍼지는 소리에 사람들은 화들짝 놀라 엎드
린다. 이처럼 신전의 사제들은 입술을 움직이지 않은 채 마치 우상
들이 살아서 말하고 있는 것처럼 위장하였다. 또 어떤 사제들은 우
상에 생기를 불어넣으려는 의도로 주술과 약물을 사용하기도 하였

다. 또 우상의 입이나 눈, 귓구멍 속에 마술 재료를 넣어 신탁을 얻으려 하기도 하였다.

거짓 선지자의 다양한 활동으로 짐승에게 생기가 들어간 것처럼 말하게 한 결과, 제국은 본격적으로 황제의 신상에 절하기를 강요한다. 양의 탈을 쓴 거짓 선지자들은 짐승, 곧 제국 통치자의 우상에 경배하지 않는 자는 몇이든 다 죽이게 하였다(계 13:15). 실제로 거대한 자기 신상을 세웠던 도미티아누스는 신전 사제들을 동원해서 제국의 모든 백성을 황제 숭배의식에 참여하도록 강요하였다. 심지어 황제 숭배의 축제 행렬이 지나갈 때 모든 주민은 집 밖 제단에 제물을 바칠 것을 강제적으로 요구하기도 하였다. 이때 짐승은 거짓 선지자에게 명령하여 이러한 행렬에 참여를 거부하거나 황제 숭배에 참여하지 않는 이들을 처형하도록 했다. 이로써 그토록 순해 보이던 두 뿔난 양의 정체가 마침내 드러났다. 겉으로는 고상한 척, 천상의 신비를 아는 척하지만 미혹하는 말과 행위로 바다 짐승을 섬기도록 우상 숭배로 이끄는 교활한 거짓 선지자, 거짓 제사장이었다.

땅에서 나온 양 같은 두 뿔난 짐승은 이제 제국 내 빈부귀천을 막론하고 모든 이들에게 그 오른손이나 이마에 표를 받게 하였다. 표는 일종의 표식(mark)으로 황제 숭배의식에 참여한 자들에게 주었던 일종의 참가 확인서였다. 이러한 표식을 몸에 지니는 것은 당시의 사회, 경제생활에 필수적이었다. 게다가 상업조합(길드) 형태의 경제활동이 주를 이루었던 당시에는 길드에 속해 단체 숭배에 참여하고 표를 받곤 하였다. 짐승의 표는 그가 카이사르를 주로 섬기는

〈바다 짐승과 양의 두 뿔 난 짐승〉(The Book of Miracles의 삽화, 약 1550년경 작품)

제국의 백성임을 보증하는 신분증명서와 같았다. 이 표를 가져야 정
상적인 사회생활, 경제생활이 가능했다. 제국은 이 표를 가진 자 외
에는 매매행위를 할 수 없게 하였다.

이 표는 '사람의 수'(계 13:18), 곧 사람을 지칭하는 수였다. 좀
더 구체적으로 이 표는 '짐승의 이름'을 지칭하는, '그 이름의 수'였
다(계 13:17). 이는 자신을 하나님의 아들로 자처하며 신성 모독하고
사람들의 경배를 받는 바다 짐승의 이름을 가리킨다(계 13:5-8).
'그 이름을 지칭하는 수'란 헬라어 알파벳에 담긴 숫자 표기법인
'게마트리아'를 가리킨다. 게마트리아로 전환하여 숫자로 나타내면
짐승의 수는 666이 된다. 주목할 점은 '네로 가이사르'를 게마트리

아로 표현하면 666이라는 사실이다!

하지만 사도 요한이 계시록을 기록할 무렵 네로는 10년 전에 이미 죽었다. 왜 10년 전의 죽은 네로 황제의 이름을 게마트리아로 넣었을까? 이는 당시의 잔혹한 통치자 도미티아누스를 지칭하는 암호였다. 그래야 편지가 의심 없이 검열을 통과하여 일곱 교회에 안전하게 전달될 수 있기 때문이다. 만약 직접적으로 도미티아누스 황제를 가리킨다면 이는 위험천만한 일이었다. 그래서 도미티아누스 황제의 이름 대신 당시 제2의 네로로 불렸던 네로의 이름을 넣은 것이다. 666은 도미티아누스 황제를 가리키는 일종의 이중암호였다.

이런 짐승의 표는 하나님의 사역을 모방하는 짝퉁사역이었다. 하나님께서 그리스도를 믿고 따르는 이들에게 천사를 보내 성령으로 인치는 행위를 흉내 낸 것이다(계 7:2-4). 유대인들은 구약시대로부터 신명기 말씀을 따라 쉐마 말씀(신 6:4-5)을 손목에 매고 이마에 붙여 표로 삼았다(신 6:8). 하지만 하나님의 백성들은 성령으로 인침을 받는다(고후 1:22, 엡 1:13, 4:30). '인친다'는 것은 자신의 소유임을 확증하는 것이다. 성도가 인침을 받음으로 하나님의 보호하심과 그의 소유된 백성이 되었음을 상징하는 것처럼 제국에서 짐승의 인침을 받는 것은 이들이 짐승의 통치 아래 있게 됨과 짐승의 소유된 백성임을 상징했다. 그렇다면 이 땅은 짐승의 표 받은 이들로 가득차게 되고 말 것인가? 이런 상황에서 성도들은 과연 승리할 수 있을까? 이런 염려와 고민이 차오르기 시작할 때 요한의 시선은 이 땅에서 온 세상을 미혹하던 두 짐승에서 벗어나 다시 천상을 향한다.

14만 4천이
부르는
노래와
마지막 수확

✻ 시온산에 울려퍼지는
십사만 사천의 노래 계 14:1-5

고난받는 교회의 치열한 분투의 현장을 보았던 요한은 가슴이 미어지는 것 같았다. 잔악한 바다 짐승과 땅 짐승의 활동으로 교회는 정상적인 생활을 영위하는 것조차 힘들어 보였기 때문이다. 이러다가는 주께서 핏값을 주고 산 교회가 다 무너질 것 같았다. 절망과 답답함이 요한의 가슴에 엄습해 올 때 요한의 눈에는 새로운 천상의 거룩한 시온산이 펼쳐졌다.

천상의 시온산에는 어린 양이 서 있었다. 또 각 나라와 족속과 백성과 방언에서 나온 수많은 무리인 144,000도 함께 서 있었다(계 7장 참조). 이들은 이 땅에서 어린 양의 인 맞은 자들로, 짐승의 우상에게 경배하지 않고 순교의 자리까지 나아갔던 자들이다(계 13:15).

어린 양과 함께 시온산에 서 있는 십사만 사천의 이마에는 어린 양의 이름과 그 아버지의 이름을 쓴 표가 있었다(계 14:1). 이는 대제 사장이 이마에 여호와의 이름을 기록한 금패를 머리에 쓰는 터번에 부착한 모습을 연상시킨다(출 28:36-38). 종말의 시온산에 선 성도 가 천상의 왕 같은 제사장이 되어 그 이마에 어린 양의 이름과 아버 지의 이름을 쓴 표가 있었다.

이때 하늘에서 소리가 들렸다. 요한이 들으니 천상의 성도 십사만 사천이 일제히 소리 높여 어린 양의 새 노래를 불렀다(계 14:2). 그 소 리는 많은 물소리와 같았다. 이는 해안을 강타하는 압도적이고 웅장 한 파도의 포효소리와 폭포소리를 연상시키는 소리와 같았다. 천상 에서 나는 수많은 성도의 웅장한 찬송소리는 또한 우렛소리와도 같 았다. 웅장한 천둥소리와 같이 천상을 진동시키는 소리였다(계 19:6 참조). 그러나 단순히 크고 진동하는 소리만은 아니었다. 아름다운 곡조가 있는 소리였고 거문고를 타는 것과도 같았다. '거문고'는 나 무로 된 공명통에 2개의 팔이 달린 현악기로 보통은 7개 전후, 많게 는 10개의 줄로 구성된 고대 시대의 '키다라'를 가리킨다.

십사만 사천의 성도들은 이 웅장하고 아름다운 찬양을 하나님의 보좌 앞, 네 생물과 이십사 장로 앞에서 목청껏 불렀다. 이런 찬양은 천상의 십사만 사천 밖에는 능히 배우고 부를 자가 없었다(계 14:3). 이들이 어떤 자들인가? 성도들을 미혹하고 핍박하는 음녀 바벨론, 곧 제국의 세력과 더불어 더럽히지 않고 믿음의 정절을 지켰던 자들 이다. 어린 양이 어디로 인도하든지 기쁘게 따라가는 자들이다(계

〈시온산에 선 어린 양과 14만 4천〉(필립 메드허스트 作, 2008년)

14:4). 또한 이들은 그리스도의 피로 속량함을 받고 처음 익은 열매로, 하나님과 어린 양에게 속한 자들이다. 처음 익은 열매는 전체 수확물에 대한 하나님의 주권을 인정하는 의미로 드리는 수확물 중 가장 좋은 열매이다. 이는 하나님께 온전히 드리는 봉헌의 의미가 있다. 이런 이들이기에 그 입에는 거짓말이 없고 하나님께 드려지기에 흠이 없었다(계 14:5).

그런데 한 가지 궁금한 것이 있다. 요한계시록 7장 9절 이하에 나오는 크고 흰 무리는 어디로 갔을까? 기억할 것은 흰 무리는 14만 4천과 같은 하나님의 인침받은 동일한 천국백성이라는 사실이다. 따라서 흰 무리에 대한 언급이 없다고 염려할 필요가 없다. 흰 무리가 곧 14만 4천이기 때문이다.

요한의 눈앞에 펼쳐진 천상의 시온산은 천상 예배의 중심지이자, 어린 양이 철장 권세를 가지고 통치하는 곳이며, 종말의 환난과 고난 중에 성도의 최종적인 피난처였다. 제국의 땅 위에서 볼 때는 짐승의 표를 받은 이들이 자유롭게 경제활동을 하며 승리하는 것 같았다. 그

〈Last Judgement〉(바를톨로메우스 슈프랑거(Bartholomeus Spranger) 作, 1570년)

러나 천상을 바라보니 전혀 그렇지 않았다. 이들은 최후에 유황불에 들어가 세세토록 고난받는 자임이 드러날 것이다(계 14:9-11). 반면 땅 위에서 고난받던 성도는 인내와 죽음으로 승리하여 마침내 천상에서 어린 양의 새 노래를 부르는 자임이 영광스럽게 드러나게 된다. 낙담하고 두려웠던 요한의 가슴은 다시 새희망으로 벅차올랐다.

✱ 세 천사의 선포 계 14:6-13

이때 요한은 세 천사가 연달아 공중에 날아가는 장면을 본다(계 14:6,8-9, 참조 계 8:13). 요한이 첫째 천사를 보니 세상 모든 민족과 종족과 백성들에게 전할 영원한 복음을 갖고 있었다(계 14:6). 천사는 큰 음성으로 외친다.

"하나님을 두려워하며 그에게 영광을 돌리라. 이는 그의 심판의 시간이 이르렀음이니 하늘과 땅과 바다와 물들의 근원을 만드신 이를 경배하라"(계 14:7).

이에 둘째 천사가 그 뒤를 따르며 말한다.

"무너졌도다. 무너졌도다. 큰 성 바벨론이여 모든 나라에게 그의 음행으로 말미암아 진노의 포도주를 먹이던 자로다"(계 14:8).

이처럼 아직 일어나지 않은 미래의 현실을 이미 일어난 사건처럼 생생하게 표현하는 것을 '예언적 완료시제'라고 한다. 여기서는 장차 일곱째 대접을 땅에 쏟아부을 때 일어날 음녀 바벨론, 곧 제국의 최후를 미리 선언하는 것이다(계 16:19 참조).

이윽고 셋째 천사가 그 뒤를 따르며 큰 음성으로 외친다.

"만일 누구든지 짐승과 그의 우상에게 경배하고 이마에나 손에 표를 받으면 그도 하나님의 진노의 포도주를 마시리니 그 진노의 잔에 섞인 것이 없이 부은 포도주라. 거룩한 천사들 앞과 어린 양 앞에서 불과 유황으로 고난을 받으리니 그 고난의 연기가 세세토록 올라가리로다. 짐승과 그의 우상에게 경배하고 그의 이름표를 받는 자는 누구든지 밤낮 쉼을 얻지 못하리라"(계 14:9-11).

이는 성도들로 바벨론이 무너지기까지 이 땅의 짐승과 우상에게 경배하지 말고 끝까지 인내의 싸움을 싸워갈 것을 격려하는 말이다. 세 천사의 선언 후에 요한계시록은 성도가 이 땅에서 현재를 어떻게 살아가야 할지 다음과 같이 말씀한다.

"성도들의 인내가 여기 있나니 그들은 하나님의 계명과 예수에 대한 믿음을 지키는 자니라"(계 14:12).

현재를 살아가는 성도는 인내와 순종으로 예수님에 대한 믿음을 지켜가야 한다는 뜻이다. 세 천사의 선언 이후 이제는 하늘에서 직접적인 음성이 들린다.

"지금 이후로 주 안에서 죽는 자들은 복이 있도다"(계 14:13).

이들은 짐승에게 경배하기를 거부하며 인내로 예수님의 계명을 지키는 순교자들이다. 세상에서는 무명하고 비참한 자 같으나 하늘에서는 유명하고 복 받은 자들이 된다(고후 6:9 참조). 이때 성령의 말씀이 이어진다. "그러하다. 그들이 수고를 그치고 쉬리니 이는 그들의 행한 일이 따름이라 하시더라"(계 14:13). 끝까지 믿음을 지키며 인내한 성도들에게는 영원한 안식과 열매와 상급이 따를 것을 말씀하는 것이다!

✳ 마지막 수확 계 14:14-20

이때 요한의 눈앞에는 새로운 장면이 펼쳐진다. 흰 구름이 있는데 구름 위에는 인자와 같은 이가 앉아 있었다. 인자는 다니엘서를 배경으로 한다. 다니엘서에서 인자는 하늘 구름을 타고 하나님께 나아가 모든 권세와 영광과 나라를 받는다(단 7:13-14). 이를 나타내듯 인자의 머리에는 금 면류관이 있었다. 이는 그가 치열한 영적 전쟁에서 승리한 이긴자이며 온 세상의 주권자임을 상징한다. 인자는 곧 승리하신 그리스도다. 한편 그 손에는 추수를 위한 예리한 날을 가진 낫이 들려 있었다. 이렇게 예리한 낫을 휘두르면 추수되지 않을 것이 없다. 요한은 계시록 처음에 구름을 타고 하늘 보좌로 나아간 인자가 다시 구름을 타고 오실 것을 기대했었다(계 1:7). 그리고 정말 인자는 일곱 대접의 심판 후 다시 오신다(계 19:11). 요한의 환상은 최종적인 일곱 대접의 재앙(계 15-16장) 이전에 최후에 다시 오실 인자의 모습을 사전에 조망한다. 천상의 시온산에서 하나님의 백성 14만 4천이 어린 양과 함께 맛볼 최후 승리(계 14:1-5)와 함께 다가올 최후 심판의 모습을 미리 보여주는 것이다.

이때 또 다른 천사가 성전으로부터 나아와 하나님의 말씀을 전달한다. "당신의 낫을 휘둘러 거두소서. 땅의 곡식이 다 익어 거둘 때가 이르렀음이니이다"(계 14:15). 다 익어 거둘 때가 된 땅의 곡식은 무엇을 의미할까? 이는 순결하게 믿음을 지키며 어린 양이 어디로 인도하든지 따라가는 자들로, 어린 양의 피로 속량함을 받아 처음 익은 열매를 가리킨다. 알곡 같은 성도들이다. 천사가 낫을 휘둘러 익은 곡식을 거두라고 전달하는 말씀을 듣고 구름 위에 앉은 인자는 땅에 예리한 낫을 휘두른다. 그러자 땅에 익은 곡식이 모두 거두어졌다.

인자의 추수 이후 또 다른 천사가 하늘 성전에서 나온다. 그 역시 예리한 낫을 갖고 있었다. 이때 불을 다스리는 다른 천사가 제단으로부터 나와 낫을 가진 천사를 향해 큰 음성으로 불러 말한다.

"네 예리한 낫을 휘둘러 땅의 포도송이를 거두라. 그 포도가 익었느니라"(계 14:18).

성전 제단에서 불을 다스리는 천사는 누구일까? 천사가 불을 다스리는 장면은 요한계시록 8장 3~5절에 등장한다. 이때 천사는 무고한 죽임을 당한 순교자들의 기도를 금 향로에 담아 보좌 앞 금 제단에 드리고, 그 응답으로 제단의 불을 향로에 담아 땅에 쏟아 하나님의 심판을 수행했었다. 이제 이 천사는 하나님의 명령을 받들어 나아와 순교자들의 탄원 기도에 대한 응답을 수행하도록 예리한 낫을 가진 천사에게 하나님의 명령을 전달한다. 낫을 가진 천사는 낫을 땅에 휘둘러 포도를 거둔다. 거둔 포도는 모두 믿음의 공동체인 성읍 밖에 있는 진노의 큰 포도주 틀에 던져졌다. 포도는 진노의 포도주 틀에 짓밟혀 으깨졌고 그 틀에서는 피가 났다.

진노의 포도주 틀이란 극상품 포도나무를 심었던 백성들이 타락하여 심판에 처하게 된 것을 상징한다. 일찍이 하나님은 기름진 산

〈요한계시록 14장 15절〉(작가, 제작연대 미상)

에 극상품 포도나무를 심었지만 들포도를 맺었다고 탄식하신 바 있다(사 5:1-2). 이제 제대로 열매 맺지 못한 들포도를 하나님이 모두 거두어 심판하실 때가 이른 것이다.

진노의 포도주 틀에서 으깨져 나오는 피가 어찌나 많은지 말 머리에 씌우는 굴레까지 피가 찼고 사방 1600스다디온에 이르게 되었다. 이는 세상 사방을 의미하는 4의 제곱에 많음을 의미하는 10의 제곱을 곱한 수를 뜻한다. 한 스다디온은 192m로, 1600스다디온이면 300km가 넘는 거리다. 이는 이스라엘 남단에 있는 애굽 국경으로부터 북쪽 시리아 국경까지 이르는 팔레스타인 지역 전체를 포괄한다. 이는 제국의 통치가 미치는 온 세상을 의미하며, 세상 전역에 하나님의 심판이 미쳐 악인의 완전하고도 총체적인 멸망이 있을 것을 예고하는 행위다.

요한은 인자의 오심이 이중적임을 확인하였다. 한편으로는 알곡 같은 신자를 거두고, 다른 한편으로는 제국의 불신자를 심판하는 것이다. 이러한 오심은 데살로니가후서의 말씀을 생각나게 한다.

"주 예수께서 자기의 능력의 천사들과 함께 하늘로부터 불꽃 가운데에 나타나실 때에 하나님을 모르는 자들과 우리 주 예수의 복음에 복종하지 않는 자들에게 형벌을 내리시리니 이런 자들은 주의 얼굴과 그의 힘의 영광을 떠나 영원한 멸망의 형벌을 받으리로다. 그날에 그가 강림하사 그의 성도들에게서 영광을 받으시고 모든 믿는 자들에게서 놀랍게 여김을 얻으시리니 이는 (우리의 증거가 너희에게 믿어졌음이라)"(살후 1:7-10).

한 가지 주목할 것은 예수께서 불신자들을 심판하러 오실 때 백마를 타고 최후의 전쟁을 수행하신다는 점이다(계 19:11). 하지만 이것은 다른 오심이 아니라 주께서 오시는 과정에서 신자와 불신자를 심판하는 가운데 일어나는 전체적인 과정의 일부이다. 이 전쟁에서 그리스도는 반드시 승리하실 것이고, 성도는 분명 시온산에서 어린 양과 함께 승리의 노래를 부를 것이다(계 14:1-5). 성도는 최후의 승리를 확신하며 타협의 유혹 가운데서도 단호하게 인내로써 믿음을 지켜야 한다.

불 섞인
유리 바다에
울려퍼지는
찬양

사도 요한은 또다시 자신의 눈앞에 펼쳐진 크고 놀라운 장면에 주목한다. 천상에서는 일곱 천사가 이 땅에 쏟아부을 마지막 일곱 재앙을 준비하고 있었다. 이제 하나님의 진노는 이 재앙들로 끝날 것이다. 요한은 그동안 여섯째 나팔의 환상 이후 일곱째 마지막 나팔 재앙을 기다려 왔다. 하지만 여섯째 나팔 환상(계 9:13) 이후 그의 눈앞에 펼쳐진 것은 천사의 손에 펴 놓인 두루마리였다. 요한은 이를 받아먹고 증언의 사명을 받은 후(계 10장) 이 땅에서 사역하며 고난받는 두 증인에 대한 환상(계 11장)으로 안내된다. 그리고 나서 요한은 마지막 일곱째 나팔소리를 듣고 긴장한다(계 11:15). 하늘 성전에 울려퍼지는 천상의 찬양소리와 함께 성전에 가득한 번개와 음성들과 우레와 지진과 큰 우박들을 보았기 때문이다(계 11:19).

하지만 하나님은 요한에게 일곱째 나팔의 재앙이 쏟아지는 것을 보여주지 않고, 이 땅에 활동하고 있는 악의 삼위일체인 용, 바다 짐승, 땅 짐승의 활동을 보여주셨다(계 12-13장). 악의 삼위일체는 온 세상을 미혹하며 짐승을 경배하게 하였다. 이후 하나님은 요한의 시선을 다시 하늘로 돌려 성도가 이 모든 박해를 이기고 천상의 시온산에서 어린 양과 함께 승리의 찬송을 부를 것을 생생하게 보여주셨다(계 14장). 그리고 마침내 그동안 긴장하며 기다렸던 마지막 일곱째 나팔의 재앙이 펼쳐지려는 것이다(계 15장). 그런데 하나님이 보여주시는 것은 일곱째 나팔의 재앙이 아니라 일곱째 나팔 안에 새롭게 펼쳐지는 일곱 대접의 재앙이었다. 일곱 대접의 재앙이 일곱 나팔 안에 들어 있었던 것이다!

요한이 눈앞에 펼쳐진 환상을 보니 하나님의 보좌 앞에 있는 유리 바다에 불이 섞여 있었다(계 15:2, 참조 계 4:6). 하나님이 곧 이 땅에 쏟아부을 진노의 불이 유리 바다에 대기 상태로 있는 것이다. 불 섞인 유리 바닷가를 보니 거기에는 이 땅에서 환난과 핍박에 굴하지 않고 믿음을 지켜낸 승리한 성도들이 서 있었다. 이들은 "짐승과 그의 우상과 그의 이름의 수를 이기고 벗어난 자들"(계 15:2)이었다. '그의 이름의 수'란 사람의 수 666으로, 제국 통치자의 이름을 게마트리아식으로 표현한 것을 말한다(계 13:18).

승리한 성도들은 불 섞인 유리 바닷가에 서서 하나님의 거문고를 가지고 찬양을 부른다. 이 찬양은 '모세의 노래'이자 '어린 양의 노래'이다. 우렁차게 울려퍼지는 찬양소리가 사도 요한의 귓전을 때린다.

"주 하나님 곧 전능하신 이시여 하시는 일이 크고 놀라우시도다. 만국의 왕이시여 주의 길이 의롭고 참되시도다. 주여 누가 주의 이름을 두려워하지 아니하며 영화롭게 하지 아니하오리이까. 오직 주만 거룩하시니이다. 주의 의로우신 일이 나타났으매 만국이 와서 주께 경배하리이다"(계 15:3-4).

모세의 노래는 이스라엘 백성이 홍해를 기적적으로 건넘과 동시에 그들을 추격하던 바로의 군대가 모두 바닷물에 빠져 멸망하는 역사를 찬양한 것이다(출 15:1-18). 이러한 노래는 모세의 노래를 닮았다. 다음의 두 노래를 비교해 들어보라.

"여호와여 신 중에 주와 같은 자가 누구리이까. 주와 같이 거룩함으로 영광스러우며 찬송할 만한 위엄이 있으며 기이한 일을 행하는 자가 누구니이까"(출 15:11).

"…하시는 일이 크고 놀라우시도다. …주여 누가 주의 이름을 두려워하지 아니하며 영화롭게 하지 아니하오리까"(계 15:3-4).

어린 양의 노래는 모세의 노래를 닮았지만 그 내용은 어린 양을 통해 성취된 구원 역사를 찬양하는 것으로 바뀌었다. 어린 양이 일으킨 제2의 출애굽이 마침내 승리로 성취되었음을 찬양하며, 이 모든 일을 행하신 하나님의 구원 능력과 위대하심을 찬양하는 것이다.

이때 요한은 하늘에 '증거 장막의 성전'(계 15:5)이 열리는 것을 본다. 증거란 증거판을 줄인 말이다. 증거판은 원래 구약시대 성막의 지성소에 있는 언약궤 안에 넣어 둔 십계명 돌판을 가리킨다(출 25;16). 십계명은 하나님께서 이스라엘과 언약을 맺으셨음을 공적으로 인증하는 핵심적인 증거다. 증거판은 성막을 이루는 가장 핵심적인 요소였기 때문에 성막을 가리킬 때 '증거의 성막' 또는 '증거의 장막'이라고도 불렸다(민 1:50, 17:7).

그렇다면 요한계시록 본문에서 열리는 하늘의 증거 장막이란 무엇을 말할까? 이것은 옛 언약의 증거 장막이 아니라 예수 그리스도의 피를 통해 맺게 된 새 언약의 증거 장막을 뜻한다. 사실 광야시대의 성막, 곧 증거의 장막은 하늘 장막을 본떠서 지은 첫 성소였다(출 25:40, 26:30, 27:8, 히 8:5). 그러나 이제 요한의 눈앞에 열린 증거장막은 증거판이 아닌 예수 그리스도의 피를 통해 맺게 된 새 언약의 증거 장막이다.

"그리스도께서는 장래 좋은 일의 대제사장으로 오사 손으로 짓지 아니한 것 곧 이 창조에 속하지 아니한 더 크고 온전한 장막으로 말미암아 염소와 송아지의 피로 하지 아니하고 오직 자기의 피로 영원한 속죄를 이루사 단번에 성소에 들어가셨느니라"(히 9:11-12).

어린 양의 피로 세워진 하늘의 증거 장막이 열리자 일곱 재앙을

<The Giving of the Seven Bowls of Wrath>(마티아스 게룽 作, 오트하인
리히 성경 삽화, 1530-1532년, 바이에른 주립도서관, 뮌헨)

가진 천사가 성전에서 나온다. 이들은 깨끗하고 빛나는 세마포 옷을
입고 가슴에는 금 띠를 띠고 있었다. 세마포는 하늘에 거하는 자들
이 입는 옷으로 성결함을 상징하고, 금 띠는 성전을 섬기는 제사장
의 제복을 상징한다. 이러한 모습은 사도 요한에게 나타난 인자 같
은 그리스도의 모습의 특징으로(계 1:13), 여기서 천사들은 인자의
대표로 활동하고 있음을 나타낸다.

　이때 하나님의 보좌 주위에 있던 네 생물 중 하나가 일곱 천사에
게 나아와 하나님의 진노를 가득 담은 금 대접 일곱을 각각 주었다.
어? 금 대접은 원래 성도들의 기도를 담아 하나님께 올려드리던 도구 아니었던가? 그런데 거기에 하나님의 진노를 담아 천사들에게 주는 이유는 무엇일까? 이는 일곱 진노의 대접이 성도의 간절한 기도 응답으로 주어지는 것이기 때문이다(계 5:8, 6:9-10, 8:3-4).

천사들이 진노의 대접을 받자 성전에는 연기가 가득 찼다. 연기는 하나님의 영광과 능력이 가득한 거룩한 임재를 나타낸다(참조. 출 19:18, 사 6:4). 일곱 대접의 재앙은 죄로 인해 어그러진 세상을 바로잡는 하나님의 주권과 영광을 드러내는 심판이기에 연기가 성전에 가득찼던 것이다. 이제 하나님의 심판이 시작될 것이다. 하나님의 살아계심을 드러내는 거룩한 진노의 심판인 일곱 대접 재앙이 이 땅에 다 쏟아 부어지기까지 성전에 가득한 연기로 인하여 누구도 들어갈 수 없다(계 15:8). 따라서 최후의 일곱 대접 심판이 시작되면 누구도 하나님께 나아가 멈추게 해달라는 기도를 드릴 수 없게 된다. 이제 하나님의 심판을 멈추게 할 자는 아무도 없다.

진노의
일곱 대접

이때 사도 요한은 성전에서 나오는 큰 음성을 듣는다. 이 음성은 일곱 천사에게 "너희는 가서 하나님의 진노의 일곱 대접을 땅에 쏟으라"(계 16:1)고 말씀한다. 마침내 일곱 대접이 이 땅에 최종적으로 부어지는 심판이 시작된 것이다. 여기서 '땅'은 사탄의 통치영역인 땅과 땅에 속하여 사는 모든 사람들을 포함한다(계 13:8). 인 재앙 때는 그 피해 규모가 전 세계 사분의 일(계 6:8), 나팔 재앙 때는 삼분의 일(계 8:7-9,11-12,15)이었다. 이제 마지막 대접 때는 그 범위가 온 세상 전부를 포괄한다.

첫째 천사가 가서 그 대접을 땅에 쏟는다(계 16:2). 그러자 짐승의 표를 받은 사람들과 우상에게 경배하는 자들에게 악하고 독한 종기가 났다. 악성 종기는 하나님의 말씀을 불순종하고 다른 신을 따라 섬길 때 생겨나는 것이다(신 28:14-15,35). 애굽제국의 통치자인 바로가 "내 백성을 보내라"는 하나님의 말씀을 불순종했을 때도 제국 온 땅의 사람과 짐승에게 악성 종기 재앙이 임했다(출 9:9-11). 이처럼 첫째 대접은 두 증인인 교회가 땅에 거하는 모든 이들에게 선포했던 복음의 말씀을 듣지 않고 짐승을 따라갔던 것에 대한 심판으로 임하는 것이다.

둘째 천사는 바다에 대접을 쏟는다(계 16:3). 그러자 바다가 피같이 되어 바다에 있는 모든 생물이 죽게 된다. 요한은 앞서 바다에서 어떤 일이 벌어졌는지 본 적이 있다(계 8:8-9, 13:1). 바다는 일곱 머리 열 뿔 짐승이 출현하여 활동하던 무대였다. 그런데 둘째 대접이 쏟아부어지자 바다와 바다에 사는 모든 생물이 심판받는다. 한편 바다는 제국의 성장과 번영을 가져다주는 통로이기도 하다. 해상무역을 통해 전 세계의 사치품과 생필품들이 수입되고, 문물과 기술이 교류되기 때문이다. 그러나 바다는 잘 길들여지지 않는다. 예기치 못할 때 찾아오는 변덕스러운 풍랑과 날씨의 변화는 제국의 해상무역뿐만 아니라 해상전쟁을 수행할 때도 피해를 준다.

둘째 대접 재앙을 통해 알 수 있는 사실이 무엇인가? 하나님은 좀처럼 길들여지지 않는 이런 바다조차 심판하시는 분이라는 사실이다. 왜? 바다도 하나님이 지으셨기 때문이다. 하나님만이 바다를 살릴 수도 있고 멸망시킬 수도 있다. 하나님은 둘째 재앙을 통해 바다를 모두 피로 변하게 하신다. 마치 애굽 나일 강에 쏟아진 첫째 재앙과 같다(출 7:20). 바다가 피로 변하자 바다에서 더는 유익을 얻기가 힘들어졌다. 죽은 바다 생물과 피로 썩는 악취가 진동했다.

그뿐만이 아니다. 하나님은 이제 셋째 대접 재앙을 통해 땅에서

〈진노의 일곱 대접을 붓는 천사들〉(필립 메드허스트 作, 2008년)

흐르는 강물과 물 근원도 피로 바꾸신다. 셋째 천사가 강과 물 근원
에 대접을 쏟는다(계 16:4). 그러자 이 모든 것이 피로 변한다. 애굽
제국의 나일 강이 피로 변했다면 로마제국에는 테베레 강이 피로 물
들었다. 무려 406km나 되는 제국 생명의 젖줄이 모두 피로 바뀐 것
이다.

　끔찍한 재앙이 진행되는 가운데 물 근원에 대접을 쏟은 셋째 천
사는 하나님의 이러한 심판을 "합당하다"고 말한다(계 16:6). 제국이
성도와 선지자들의 피를 흘렸기에 그에 상응한 보응을 받는 것은 마
땅하다는 것이다.

넷째 천사가 대접을 해에 쏟는다(계 16:8). 그러자 해가 권세를 받아 불로 사람들을 태우기 시작한다. 사람들이 태워지면서 큰 고통을 겪는다. 불로 태워지는 것은 최종 심판에 대한 경고이다. 장차 제국은 불에 살라질 것이고(계 18:8), 하나님을 대적했던 모든 세력은 결국 영원한 불못에 던져질 것이다(계 19:20). 하지만 이런 엄중한 경고 재앙에도 불구하고 사람들은 하나님의 이름을 비방하며 회개하지 않는다(계 16:9).

이제 다섯째 천사가 그 대접을 짐승의 왕좌에 쏟는다. 그동안 재앙의 대접은 주로 땅, 바다, 강, 해 등 자연계에 쏟아졌다면, 이제는 짐승 제국의 심장부인 그 왕좌를 타격한다. 이 왕좌는 짐승이 용, 곧 옛 뱀이자 사탄으로부터 부여받은 것이다(계 13:2). 그러자 곧 온 나라에 흑암이 임한다. 마치 장자의 재앙이 임하기 전 애굽을 아홉 번째로 쳤던 흑암 재앙과 유사하다(출 10:21-29). 애굽에 임했던 흑암은 별빛 빛나는 밤이 아니라 완전한 어둠으로 인해 서로를 더듬고서야 겨우 알아볼 수 있을 정도의 완전한 빛의 부재 상태였다. 이를 통해 하나님께서는 애굽제국이 절대적으로 떠받들고 숭배하던 태양신 라(Ra)를 철저히 짓밟고 무력화하는 분임을 보여주신다.

로마제국에서도 태양은 제국을 지탱하는 주요 신 중 하나였다. 사람들은 컴컴한 어둠 속에 첫째 대접 때부터 계속 앓아왔던 종기로 인해 너무나도 고통스러워 자기 혀를 깨물 정도였다. 놀라운 것은 그런 극심한 고통 가운데서도 누구도 하나님께 회개하는 자가 없다는 사실이다!(계 16:11). 원래 제국 사람들이 이 정도까지 강퍅하지

순서	일곱 인 (6:1-8:5)	일곱 나팔 (8:6-11:19)	일곱 대접 (16장)	출애굽 재앙 (출 7:14-12:36)
1	흰 말 - 활 (국제전쟁)	피 섞인 우박과 불이 땅에 쏟아짐	땅에 쏟음 - 악하고 독한 종기	6 - 악성 종기 7 - 우박, 우레
2	붉은 말 - 큰 칼 (내전)	불 붙는 큰 산이 바다에 던져짐	바다에 쏟음 - 바다가 피로 됨	1 - 나일 강이 피가 됨
3	검은 말 - 기근	큰 별이 강과 샘에 떨어짐	강과 물 근원에 쏟음 - 강이 피가 됨	1 - 나일 강이 피가 됨
4	청황색 말 - 전염병	해, 달, 별, 어둠	해에 쏟음 - 해가 사람을 태움	9 - 어둠
5	순교자들의 기도	황충이 무저갱에서 나옴	짐승의 보좌에 쏟음 - 어둠이 임함	9 - 어둠
6	해, 달, 별, 어둠, 하늘. * 산, 섬, 하늘이 사라짐.	큰 강 유브라데에 결박한 네 천사가 풀려나 전쟁을 일으킴	큰 강 유브라데에 쏟음. 아마겟돈에서 전쟁 준비-개구리 같은 더러운 영	2 - 개구리
막간 장면	있음(7장)	있음(10:1-11:14)	없음	있음(출 12:1-28)
7	하늘의 침묵 : 성도들의 기도가 상달 우레, 음성, 번개, 지진	하늘의 찬양 : 24 장로 번개, 음성, 우레, 지진, 큰 우박	공중에 쏟음 - 바벨론 멸망. 큰 우박, 번개, 우레, 큰 지진. * 섬, 산이 사라짐.	7 - 우박, 우레

일곱 인, 일곱 나팔, 일곱 대접 재앙 비교

는 않았다. 전에 큰 지진이 나서 성 십분의 일이 무너지자 남은 자들은 하나님을 두려워하고 하나님께 영광을 돌렸다(계 11:13). 그러나 심판의 마지막이 가까울수록 제국 사람들의 마음은 더욱 강팍해져만 갔다.

또 여섯째 천사가 그 대접을 큰 강 유브라데에 쏟는다(계 16:12).

그러자 강물이 말라서 동방의 왕들이 오는 길이 마련되었다. 유브라데는 총 길이 2,680km에 이르는 '큰 강'으로, 제국의 동쪽 경계선 역할을 한다. 그런데 강물이 말라버리면 어떻게 될까? 경계선이 사라지며 대적이 쳐들어온다. 역사적으로 페르시아의 고레스는 유브라데의 마른 강을 건너 바벨론을 무너뜨린 바 있다. 1세기 유브라데 강은 로마제국의 동쪽 경계였다. 강 건너편 동방에는 파르티아와 같은 대적들이 호시탐탐 제국을 침공할 기회를 노리고 있었다. 유브라데 강은 제국을 대적으로부터 지키는 천혜의 경계선이었다. 그런데 천사가 대접을 쏟자 이 경계선이 사라져버린 것이다. 이때 놀라운 일이 일어난다. 유브라데 강이 사라지자 제국을 호시탐탐 노리던 적군이 공격해 올 줄 알았는데, 도리어 대적의 왕들이 나아와 제국과 협력하며 동맹을 강화하는 것이었다.

도대체 어떻게 된 것일까? 그것은 개구리 같은 더러운 영이 용과 짐승과 거짓 선지자의 입에서 나와 역사했기 때문이다(계 16:13). '개구리 같다'는 것은 이들이 거짓말과 의미 없는 헛된 말을 하는 자들임을 나타낸다. 당시에는 흔히 헛된 말이나 의미 없는 수다를 개구리 울음소리에 비견했고, 꿈에 개구리가 나타나면 속이는 자들이 나타날 것으로 보았다. 여기 개구리 같은 더러운 영이 셋인 것은 악의 거짓 삼위일체인 용, 바다 짐승, 그리고 땅 짐승(거짓 선지자)에게 역사하는 영으로 삼위일체 하나님을 흉내 낸 것이다. 세 더러운 영은 천하의 왕들을 거짓으로 미혹하여 마지막 큰 전쟁을 위해 아마겟돈에 집결하게 한다(계 16:16).

아마겟돈은 히브리어 '하르 므깃도'의 헬라식 표현으로 '므깃도 산'이란 뜻이다. 므깃도는 해발 40~60m의 언덕에 자리한 전략적 요충지다. 이스라엘 남쪽에 있는 애굽제국이 북쪽으로 진출하기 위해서는 지중해를 따라 해양길로 올라가다가 이스르엘 평야를 거쳐 북쪽으로 갈 때 므깃도를 지나게 되어 있다. 반대로 북쪽의 거대한 제국 세력이 남하할 때도 므깃도를 통과하여 내려가게 되어 있다. 전략적 요충지인 이 지역을 두고 역사상 수많은 치열한 전쟁이 있었다. 드보라와 바락의 전투(삿 4-5장), 기드온의 미디안 족속과의 전투(삿 7장), 사울과 블레셋 족속과의 전투(삼상 31장), 요시야와 애굽 바로 느고와의 전투(왕하 23:29-30) 등을 포함해 수많은 전투가 벌어진 고대의 유명한 전쟁터였다. 이런 전략적 중요성을 간파하고 솔로몬은 이곳에 거대한 병거성을 만들어 놓았다(왕상 9:15,19). 세 더러운 영이 천하의 왕들을 아마겟돈으로 모으는 것은 이 성읍이 갖는 상징적 의미를 부각시킨다. 아마겟돈은 고대 모든 나라의 이해관계가 충돌하여 전쟁이 빈번하게 발발하던 '격전지'였던 것이다.

사탄이 아마겟돈에 온 세상 왕들을 모아 마지막 결전을 준비하는 이유가 무엇일까? 다섯째 대접 재앙이 짐승의 왕좌에 부어져 짐승의 제국이 치명적인 타격을 받았기 때문이다(계 16:10). 그동안의 대접 재앙들은 땅(2절), 바다(3절), 강과 샘(4절), 해(8절) 등의 자연계에 쏟았는데, 이제는 짐승 나라의 심장부인 그 왕좌를 타격했다. 짐승의 왕좌는 용에게 부여받은 것이다(계 13:2). 짐승은 용에게 능력과 큰 권세도 함께 받았다. 그래서 그토록 많은 세상의 왕과 백성들이 짐승을 따랐던 것이다. 그런데 온 세상이 절대적으로 의지하고, 이마와 손목에 666표를 받으며 따랐던 짐승의 왕좌가 타격을 받고 휘청거렸다. 그렇게 되면 그를 따랐던 모든 이들에게는 큰 위기였다. 위기를 감지한 온 세상의 왕들은 한마음으로 하나님을 대적하기 위해 모인 것이다. 하지만 이들의 호기로운 결집은 싸움을 제대로 해보기도 전에 허사로 끝나고 만다. 그것은 바로 일곱째 천사의 일곱째 대접 때문이다.

일곱째 천사가 대접을 쏟자 성전 보좌에서는 "되었다!"는 큰 음성이 들린다. 이는 "이루었도다"(계 21:6)와 같은 말로 하나님의 심판사역이 성취되었음을 뜻한다. 역사의 종국이 왔음을 선언하는 것이다. 이 음성과 함께 번개와 음성들과 우렛소리가 일어나며 역사상 그 유래를 찾아볼 수 없을 정도의 큰 지진이 일어난다. 지진이 얼마나 큰지 그 큰 성읍 바벨론이 마침내 세 갈래로 갈라진다(계 16:19). 세 갈래로 갈라진다는 것은 바벨론의 회복할 수 없는 완전한 파괴를 의미한다! 그뿐만이 아니다. 바벨론을 흠모하고 짐승을 따르던 주변 여러 왕이 다스리던 성들도 함께 무너진다.

특별히 마지막 일곱 대접 때는 전례 없던 강력한 우박 재앙이 쏟아진다(계 16:21). 무게가 한 달란트, 즉 약 34kg 정도나 되는 큰 우박이 하늘로부터 사람들에 쏟아 부어진다(한 달란트는 지역별로 달랐는데, 구약시대에는 약 34kg 정도로 이는 3천 세겔에 해당한다. 신약시대에는 이것이 지역별로 달랐는데, 반 세겔을 한 세겔로 여겼던 갈릴리 지역에서는 약 20.4kg으로 6천 데나리온 정도 하였고(마 18:21-35 참조), 국제적인 해상무역이 융성하였던 두로식 표준 도량형의 경우 약 42.5kg 정도 하였다). 거대한 우박 재앙에 땅 사람들의 반응은 두려워 회개하기는커녕 하나님을 비방했다. 이러한 반응은 땅에 속한 이들이 수차례 계속된 하나님의 경고에도 불구하고 결국 심판받을 수밖에 없는 강퍅한 자들임을 보여줄 뿐이다. 그토록 기세등등하여 전 세계를 미혹하던 바벨론은 마침내 철저하게 무너져 내리고 만다.

큰 음녀에게
내릴 심판

끔찍한 일곱 대접의 재앙이 마침내 끝났다. 이 재앙으로 그토록 강성해 보이던 난공불락의 제국, 큰 성 바벨론이 세 갈래로 갈라져 무너져 내렸다(계 16:19). 이제 세상의 재앙은 모두 끝났다고 안도할 무렵, 일곱 대접의 재앙을 쏟아부었던 천사 중 하나가 요한에게 다가와 또 다른 환상으로 초대한다.

> "이리로 오라. 많은 물 위에 앉은 큰 음녀가 받을 심판을 네게 보이리라"(계 17:1).

방금 세상을 유혹하던 제국 거대한 바벨론이 무너져 내렸는데, 또 누군가가 심판을 받는다니 도대체 누구란 말인가? 천사가 말하는 자는 "많은 물 위에 앉은 큰 음녀"였다. 그렇다면 그녀는 대체 누구일까? 천사는 그녀가 '많은 물' 위에 앉아 있다고 한다. 뒤에 나오는 천사의 설명에 따르면 '많은 물'은 "백성과 무리와 열국과 방언들"이다(계 17:15). 음녀는 수많은 백성과 나라와 서로 다른 언어를 사용하는 민족들 위에 군림하여 이들을 교묘히 착취하며 음행하는 존재를 가리킨다. 천사는 이 음녀가 세상에서 저지르는 영적 범죄의 현장을 알려준다.

> "땅의 임금들도 그와 더불어 음행하였고 땅에 사는 자들도 그 음행의 포도주에 취하였다"(계 17:2).

음녀는 땅의 임금들을 미혹하여 음행을 저질렀고 땅에 사는 자들도 음녀의 음행의 포도주를 마시고 흠뻑 취해 있었다. 그렇다면 이 음녀의 정체는 무엇일까? 이때 요한은 성령 안에서(in the Spirit) 환상의 무대가 옮겨져 광야에 있는 음녀를 보게 된다.

> "곧 성령으로(in the Spirit) 나를 데리고 광야로 가니라. 내가 보니 여자가 붉은빛 짐승을 탔는데 그 짐승의 몸에 하나님을 모독하는 이름들이 가득하고 일곱 머리와 열 뿔이 있으며"(계 17:3).

그녀는 붉은빛 짐승을 타고 있었다. 짐승의 몸통에는 하나님을 모독하는 이름들이 가득 쓰여 있었고, 일곱 머리와 열 뿔이 있었다. 어? 짐승의 모습이 왠지 낯설지 않다. 붉은빛은 하늘에서 쫓겨난 큰 용, 곧 마귀라고도 하고 사탄이라고도 하는 존재가 갖고 있던 색깔

<바벨론 음녀>(루터의 신약성서 삽화, 1522년). 이 그림은 목각인쇄 후 칠을 한 것으로 크랜치 루카스(Cranch Lucas) 공방에서 만들었다.

이다(계 12:3). 음녀가 탄 일곱 머리 열 뿔 짐승은 바다에서 올라온 짐승의 모습과 똑같다(계 13:1). 그 짐승의 머리들에는 신성 모독하는 이름들이 있었다.

이 짐승은 고난의 제한된 기간을 상징하는 마흔두 달 동안 일할 권세를 받고 일했다(계 13:5). 음녀가 타고 있는 이 짐승은 입을 벌려 하나님과 성도를 비방하며(계 13:6), 이 땅에 사는 자들을 미혹하여 경배를 받았던 제국의 통치자였다!(계 13:14-15). 요한이 짐승을 자세히 보니 전에는 신성 모독하는 이름이 머리에만 있는 줄 알았는데 온몸에 가득했다. 자신을 신으로 숭배하게 하는 이름으로 치장한 것이다.

그렇다면 이런 짐승을 타고 있는 음녀는 도대체 누구일까? 그 여자는 한 번에 보아도 눈에 확 띄는 자줏빛과 붉은빛 옷을 입고 있었다. 온몸을 금과 보석과 진주로 꾸미고 손에는 금잔을 가졌다. 너무나도 화려해 보였다. 요한은 금잔에는 무엇이 있을까 싶어 안을 들여다보았다. "으악!" 그 안에는 차마 말로 표현하기 어려운 온갖 가증하고 음란한 더러운 것들이 가득했다. 겉으로 화려해 보이는 번쩍이는 금잔에 이런 것들을 가득 담아 마시고는 다른 이들에게도 이런 잔을 돌리며 함께 취하게 했다. 이런 것을 마시는 음녀는 더러운 여자였고, 하나님이 보시기에 가증한 존재였다. 하지만 그녀는 그 더러움을 온갖 화려한 옷과 찬란한 보석으로 가리고 있었다.

도대체 음녀의 정체가 무엇일까 궁금해하는 요한의 눈앞에 그녀의 비밀스러운 이름의 정체가 보였다. 그녀의 이마에 이름이 기록된 것이 보였는데, 다른 이들에게는 좀처럼 보이지 않았다. 그녀의 이름은 세상에 비밀로 감추어져 있었다. 그러나 요한은 성령의 감동으로 음녀의 이름을 볼 수 있었다. 그녀의 이름은 "큰 바벨론이라. 땅의 음녀들과 가증한 것들의 어미"(계 17:5)라고 기록되어 있었다.

아니, 큰 바벨론이라니! 바벨론은 조금 전에 무너지지 않았던가? 요한은 환상 중에 큰 성 바벨론이 세 갈래로 무너지는 것을 분명 두 눈으로 똑똑히 보았다. 그런데 바벨론이 왜 다시 나타난 것일까? 이는 하나님께서 요한에게 바벨론의 최후를 좀 더 구체적이고 생생하게 다시 보여주시는 것이었다. 하나님은 요한에게 세상을 지배하고 휘두르는 바벨론도 결국 무너지고 하나님 앞에 아무것도 아님을 확대하여 보여주신다. 바벨론의 멸망을 그냥 지나가는 사건으

〈바벨론 음녀〉. 이 그림은 목각인쇄 후 칠을 한 것으로
안투에니스 클레이신스(Anthuenis Claeissins, 1536-1613) 공방에서 제작했다.

로 끝내지 않고, 그 부분을 더욱 확장해서 보여주는 새로운 환상 시
리즈인 것이다. 항상 마지막을 아는 것이 중요하다. 하나님은 '성령
안에서'(in the Spirit, 계 4:2) 일곱 인, 일곱 나팔, 일곱 대접의 재
앙을 보여주신 후, 이제 17장부터 20장까지는 '성령 안에서' 새로운
환상 장면을 보여주신다.

음녀는 온 세상을 제국의 돈과 권력, 쾌락과 사치로 지배하는 자였다. 음녀가 일곱 머리 열 뿔 난 짐승을 타고 온 세상을 미혹하는 것은 음녀가 제국의 통치자와 열방의 지도자들을 사용하여 온 세상을 우상 숭배와 타락의 문화에 젖어 들게 하려는 것이다. 결국 하나님을 외면하도록 부추긴다.

짐승의 머리로 상징되는 제국의 통치자는 대단해 보인다. 무소불위의 권력을 가진 것처럼 보인다. 하지만 배후에는 거대한 음녀가 턱 하니 올라타고 있다. 아무리 일곱 머리 열 뿔이 대단해 보여도 음녀가 끌고 가는 대로 끌려다니는 존재에 불과한 것이다. 이 현실을 보아야 성도가 처한 고난을 이해할 수 있다.

이때 요한은 환상 중에 충격적인 모습을 본다. 그것은 음녀가 성도들의 피와 예수 증인들의 피에 취해 있는 것이다(계 17:6). 요한은 매우 놀랐다. 실제로 자신이 목회하던 에베소교회 성도들의 환난과 고난을 아는 요한은 마침내 성도들을 조직적으로 박해한 배후의 실질적인 세력이 바로 음녀임을 알게 된 것이다. 성도들은 이 음녀의 음해로 짐승에게 물려 찢기기도 하고, 십자가에 못 박혀 불길 속에 태워지기도 하는 등 온갖 극심한 고난을 겪었다. 이 모든 고난의 배후에 바로 음녀의 방탕한 활동이 있었다.

크게 놀라는 요한의 모습에 천사는 말한다.

"왜 놀랍게 여기느냐. 내가 여자와 그가 탄 일곱 머리와 열 뿔 가진 짐승의 비밀을 네게 이르리라"(계 17:7).

일곱 머리 열 뿔 짐승을 타고 세상을 장악한 음녀의 모습에 몸서리치는 요한에게 천사는 그를 책망하듯 왜 그리 두려워하며 놀라워하느냐고 하며, 짐승과 음녀의 비밀을 알려주겠다고 한다. 짐승과 음녀의 비밀은 이들의 실체가 무엇인지를 나타내는 비밀이기도 하지만, 더 중요한 것은 이 둘 사이에 일어나는 악의 자기 파괴적 관계의 비밀을 말한다. 그토록 강력한 권세로 세상을 휘두르던 음녀와 짐승은 결국 자신을 스스로 파괴하여 허망하게 무너질 운명에 처한 존재에 불과했다. 이는 제국에서 그 누구도 예상하지 못했던 감추어진 비밀이었다. 이런 역설적인 비밀이 이제 요한에게 계시되는 것이다(참조. 계 1:20, 10:7).

먼저, 천사는 짐승의 정체를 알려준다.

"네가 본 짐승은 전에 있었다가 지금은 없으나 장차 무저갱으로부터 올라와 멸망으로 들어갈 자니 땅에 사는 자들로서 창세 이후로 그 이름이 생명책에 기록되지 못한 자들이 이전에 있었다가 지금은 없으나 장차 나올 짐승을 보고 놀랍게 여기리라"(계 17:8).

천사는 지금 요한이 보는 짐승은 전에 있었다가 지금은 없고, 장차 무저갱으로부터 올라와 멸망으로 들어갈 자라고 한다. 무저갱으로부터 다시 올라올 짐승은 누구일까? 무저갱에서 다시 올라온다면 죽음에서 다시 살아난다는 말일까? 여기서 우리는 앞서 다섯째 나팔 재앙에서 등장한 무저갱의 개념을 살펴볼 필요가 있다(계 9:1-

2). 무저갱의 핵심개념은 사탄의 주권이 결코 이 땅 가운데 미치지 못하도록 하나님이 가두어 두는 깊이 감추어진 영역을 뜻한다. 만약 이 짐승이 다시 올라오면 '생명책'(계 20:15)에 기록되지 못한 이 땅의 사람들은 모두 커다란 충격을 받고 놀랄 것이다.

여기서 우리는 짐승과 음녀와의 관계를 좀 더 세심하게 살펴볼 필요가 있다. 천사는 음녀가 탄 일곱 머리 짐승이 여인이 앉은 일곱 산이라고 한다(계 17:9). 일곱 산이란 일곱 언덕의 도시로 알려진 로마를 뜻한다. 로마제국을 건국한 로물루스 형제가 일곱 언덕을 기반으로 나라를 일으켰기 때문이다. 그래서 로마는 일곱 언덕의 나라, '힐 스테이트'이다. 이 언덕 위에 음녀가 앉아 있다. 이러한 모습은 베스파시아누스 황제가 통치하던 주후 71년경 아시아에서 주조된 화폐를 연상시킨다.

여기에는 여신 로마가 일곱 언덕에 기대어 앉아 왼손에는 단검을 쥐고, 앞발은 테베라 강을 향해 뻗고 있는 모습이 새겨져 있다. 이는 당시 로마제국 사람들의 머리에 일곱 언덕으로 상징되는 로마 위에 여신 로마가 앉아 있다는 상상력이 지배하고 있었다. 로마인들은 로마를 신성화했다. 그래서 1세기 제국 전역에서는 황제 숭배와 함께 '여신 로마'를 숭배하기 위한 신전이 곳곳에 세워졌다.

일곱 산은 또한 일곱 왕을 상징한다. 이는 그동안 로마제국을 통치하며 섬겼던 통치자 곧 황제를 뜻한다. 그런데 이 중 다섯은 죽었다. 여섯째 왕은 지금 통치하고 있고, 또 다른 하나 곧 일곱째 왕은 아직 나타나지 않았는데, 그것이 나타난다고 하더라도 잠깐 머물다

주후 71년경 베스파시아누스 황제 때 주조된 여신 로마의 동전.
(왼쪽 그림의 출처 : https://www.icollector.com, 오른쪽 그림의 출처 : https://readingacts.com)

사라질 것이다(계 17:10). 이는 그동안 제국을 통치하던 권세자, 즉 통치자들에 대한 상징적인 요약이다. 천사는 장차 나타날 여덟째 통치자에 주목한다.

> "전에 있었다가 지금 없어진 짐승은 여덟째 왕이니 일곱 중에 속한 자라. 그가 멸망으로 들어가리라"(계 17:11).

여덟째 왕은 새로운 왕이 아니다. 전에 있다가 멸망하여 없어진 일곱 머리 중 하나다. 그가 새로운 통치자로 등장할 것이다. 그렇다면 전에 있다 망하여 사라진 왕은 누구며, 새로 등장한 여덟째 왕은 누구일까?

이는 당시 로마제국에 파다하게 퍼졌던 네로 재생설 또는 네로 환생설을 반영한다. 기독교를 잔인하게 박해했던 네로가 자살해 죽었을 때 당시 로마제국에서는 네로가 죽지 않았다는 소문이 파다하게 퍼졌다. 사실 네로는 유프라테스 강 건너편에서 로마를 호시탐탐 노리고 있던 파르티아로 도망갔고, 그곳에서 파르티아 왕과 장군들의 지지를 힘입어 다시 군대를 이끌고 돌아와 로마를 무찌를 것이라는 소문이 파다하게 퍼지고 있었다. 네로가 죽은 68년 이후 도미티아누스 황제(81-96년)가 제국에서 기독교인들을 대대적으로 핍박하기 시작했을 때, 사람들은 네로가 환생했다고 생각하기 시작했다.

이처럼 짐승은 잠시 사라지는 듯했다가도 다시 나타나고, 다시 다른 모습으로도 변해서 또다시 나타날 수 있는 존재였다. 이것이 제국을 지배하는 세력의 특징이다. 권력자가 사라져도 그 배후에서 조종하는 음녀는 또 다른 짐승의 머리를 세워 권력자로 보낸다. 자신의 대리자를 다양한 모습으로 세상에 세워 할 수 있는 한 사람들을 많이 유혹한다. 사탄은 지금도 그렇다. 세상을 뒤흔들고 교회를 미혹할 때 멋져 보이는 권력자를 내세운다. 돈으로 유혹하고, 때로는 폭력으로 핍박한다. 만약 이때 성도가 권력자의 미혹에 넘어가면 같이 음행에 취하게 된다.

전에 망했다 다시 일어나 여덟째 왕으로 짐승이 오자 열 뿔이 한 뜻 되어 짐승에게 자신들의 능력과 권세를 이양한다. 열 뿔은 누구인가? 이들은 아직 나라를 얻지 못한 왕들이다. 당시 제국이 온 세상을 지배하자, 각 지역의 왕들은 왕권을 제국의 황제에게 허락받아야 했다. 자기 지역을 다스릴 수 있는 자치권을 부여받은 왕을 가리켜 분봉왕이라고 한다. 헤롯 대왕 사후 1세기 팔레스타인 지역은 헤롯의 아들들이 분봉왕이 되어 다스렸다. 하지만 여기 나오는 열 뿔은 아직 나라를 얻지 못한 왕들이다. 이들은 나라를 얻으려 분투하는 지도자와 군대 장군들을 뜻한다. 네로 재생설을 배경으로 할 때 이는 유프라테스 강을 건너 파르티아로 망명한 네로가 그곳의 왕과 장수들을 설득하여 다시 로마로 쳐들어올 것이라는 시나리오를 반영한다. 그렇게 되면 네로는 자신이 섬겼던 제국을 공격하여 멸망시키는 반역을 일으키는 것이다.

그런데 이 전쟁은 단순히 제국을 무너뜨리는 전쟁으로 끝나지 않는다. 이 전쟁은 궁극적으로 어린 양과 더불어 싸우는 영적 대결로 이어진다. 열 뿔의 권세와 능력을 양도받은 짐승은 열 뿔과 더불어 어린 양에 대항한다.

> "그들이 어린 양과 더불어 싸우려니와 어린 양은 만주의 주시요 만왕의 왕이시므로 그들을 이기실 터이요. 또 그와 함께 있는 자들 곧 부르심을 받고 택하심을 받은 진실한 자들도 이기리로다" (계 17:14).

짐승과 열 뿔이 와서 제국, 곧 음녀를 무너뜨리는 싸움은 궁극적으로 어린 양에 대항하는 싸움이다. 일곱 머리 열 뿔 짐승은 음녀를 무너뜨리는 일에 성공하지만, 이 과정에 그리스도의 몸 된 교회와 성도들을 극심하게 핍박하고, 결국 이 죄의 보응을 받게 될 것이다. 이는 앞서 여섯째 대접 재앙에서 진술된 적이 있다(계 16:12-16). 여섯째 대접이 유브라데 강에 쏟아지자 강물이 말라 동방에서 오는 왕들이 큰 전쟁을 위하여 아마겟돈에 소집된다. 여기서 최후의 전쟁이 벌어지는데, 이 전쟁으로 인해 음녀 바벨론이 순식간에 세 갈래로 갈라지고, 함께 모였던 온 천하의 왕들도 멸망하고 만다.

이러한 짐승과의 영적 대결은 요한계시록 이전에 다니엘서에도 예고된 바 있다. 다니엘서(단 7:3-7)에도 그 형태는 조금 다르지만 일곱 머리 열 뿔 짐승이 등장한다. 먼저 바다에서 큰 짐승 넷이 나온다(3절). 첫째 짐승은 사자의 머리(4절), 둘째 짐승은 곰의 머리(5절), 셋째 짐승은 표범의 머리(6절)가 있는데, 이 표범은 특이하게도 머리 넷을 갖고 권세를 받는다. 넷째 짐승은 강하고 쇠로 된 큰 이가 있는데 이 짐승의 머리에는 열 뿔이 있다. 이처럼 모양은 다르지만 다니엘서에도 일곱 머리 열 뿔이 등장한다. 세상에 등장하는 제국과 같은 권력이 완벽하다고 주장하는 7이란 숫자, 많음을 의미하는 10의 숫자로 등장하지만 결국 무너지고 만다.

요한은 열 뿔이 짐승에게 능력과 권세를 양도하자 곧이어 짐승과 그를 탄 음녀 사이에 충격적인 장면이 일어나는 것을 본다. 무시무시한 열 뿔 짐승이 음녀를 살해하여 벌거벗기고는 그 살을 먹고 불로 아주 완벽히 살라버려 흔적도 남기지 않는 것이다(계 17:16).

일곱 머리 열 뿔 짐승은 왜 음녀를 이토록 잔인하게 죽여 망하게 했을까? 그것은 짐승이 음녀를 미워했기 때문이다. 왜 미웠을까? 자신이 음녀를 태우고 다니면 음녀를 힘입어 자기가 원하는 대로 할 수 있을 줄 알았는데, 도리어 음녀가 자신을 제어하지 못하게 하고 모든 유익과 영광은 음녀가 받으니 이것을 견디지 못하고 싫어했던 것이다. 그런데 놀라운 점은 이런 짐승의 악한 행동과 음녀의 파멸조차 하나님의 뜻 안에 있다는 사실이다(계 17:17). 짐승은 자기 맘대로 하는 줄 알았지만 결국 이것조차 하나님이 허용하셨기에 가능한 일이었다. 그 신비한 섭리 안에 악은 짐승 가운데 역사하여 결국 음녀를 무너뜨리고 만다. 온 세상을 집어삼킬 것 같았던 악이 결국 자신을 파괴하고 만 것이다. 악은 자신을 스스로 파괴한다. 이런 자기 파괴적 특성이 짐승과 음녀 사이에 서로를 무너뜨리고 말았다.

바벨론의 패망과 애통해하는 자

사도 요한의 눈앞에는 하늘에서 다른 천사가 내려오는 새로운 환상이 펼쳐졌다. 그 천사는 큰 권세를 가졌는데 온 땅을 환하게 비출 정도였다(계 18:1). 이 천사는 하나님의 영광의 보좌 가까이에 있던 존재임이 틀림없다. 하늘에서 내려온 천사는 힘찬 음성으로 온 세상에 바벨론의 패망을 선포한다.

"힘찬 음성으로 외쳐 이르되 무너졌도다. 무너졌도다. 큰 성 바벨론이여 귀신의 처소와 각종 더러운 영이 모이는 곳과 각종 더럽고 가증한 새들이 모이는 곳이 되었도다. 그 음행의 진노의 포도주로 말미암아 만국이 무너졌으며 또 땅의 왕들이 그와 더불어 음행하였으며 땅의 상인들도 그 사치의 세력으로 치부하였도다 하더라"(계 18:2-3).

앞서 요한은 바벨론이 세 갈래로 갈라져 무너지는 것(계 16:19)을 보았다. 또한 무너지는 바벨론을 구체적으로 확대하여 바벨론이 큰 음녀(로마)이며, 짐승과 열 뿔이 음녀를 망하게 하는 것도 보았다(계 17장). 이제 천사는 바벨론이 멸망할 수밖에 없는 이유를 자세하게 알려준다(계 18장). 알고 보니 바벨론은 귀신과 각종 더러운 영들이 모이는 곳이었다. 뿐만 아니라 열국의 왕들을 미혹하고 함께 패망하게 만드는 곳이었다. 이것이 세상의 가장 화려하고 아름다워 보였던 바벨론의 감춰진 민낯이었다. 바벨론은 단순히 크고 화려한 성읍이 아니라 사탄의 활동을 지지하는 영적 존재였음을 보여준다.

이때 요한의 귀에 하늘로부터 바벨론에 거하던 하나님의 백성들을 향한 음성이 들린다.

"또 내가 들으니 하늘로부터 다른 음성이 나서 이르되 내 백성아, 거기서 나와 그의 죄에 참여하지 말고 그가 받을 재앙들을 받지 말라. 그의 죄는 하늘에 사무쳤으며 하나님은 그의 불의한 일을 기억하신지라"(계 18:4-5).

바벨론의 죄가 하늘 꼭대기까지 닿았다. 하나님은 그 도시의 불의함을 기억하시고, 그 도시의 행실대로 갑절로 갚아주실 것이다. 하나님은 이런 바벨론의 심판이 하루 만에 끝날 것이라고 말씀하신다. 아니, 하루도 필요 없다. 한 시간이면 족하다(계 18:8,10,17,19). 수백 년간 쌓아 올렸던 도시의 화려함과 부와 명성이 하나님의 심판

〈진노의 일곱 대접을 붓는 천사들〉(필립 메드허스트 作, 2008년)

으로 단 한 시간에 끝날 것이다. 그러니 하나님의 백성들은 바벨론에 미련을 두지 말고 속히 그곳에서 나와야 한다. 아무리 바벨론의 세력가들이 자신을 따르면 큰 혜택이 있을 것이라고 감언이설로 꾀어도 혹해서 따라가면 안 된다.

바벨론은 하나님이 주신 권세와 부와 힘으로 오직 자신만을 영화롭게 하며 사치하는 데 몰두하였다. 스스로 확신하기를 자신은 여왕에 자리에 앉아 있기에 결단코 애통함을 당하지 않으리라고 생각했다(계 18:7). 그러나 하늘까지 죄악이 사무친 바벨론은 하루아침에 그것도 한 시간에 망하게 될 것이다. 이때 바벨론을 따르며 그의 권세에 힘입어 음행을 즐기고 사치했던 왕들은 속절없이 무너진 바벨론을 향해 가슴을 치며 애통해할 것이다.

"그와 함께 음행하고 사치하던 땅의 왕들이 그가 불타는 연기를 보고 위하여 울고 가슴을 치며 그의 고통을 무서워하여 멀리 서서 이르되 화 있도다. 화 있도다. 큰 성, 견고한 성 바벨론이여 한 시간에 네 심판이 이르렀다 하리로다"(계 18:9-10).

바벨론을 따르던 왕들은 바벨론의 패망을 보고는 '멀리 서서' 거리 두기를 한다. 더 가까이 갔다가는 바벨론처럼 처참하게 패망할까 두려워 멀찍이 서서 "화 있도다. 화 있도다" 하며 애통해할 뿐이다.

땅의 상인들도 바벨론을 위해 울고 애통해했다. 바벨론이 막강한 권세로 사치에 몰두할 때 이들은 온 세상의 각종 진귀한 물품을 사치거리로 제공하며 부를 쌓았던 이들이다. 이제 더는 자신들의 상품을 구매할 큰 손 고객이 존재하지 않게 되었다. 당시 로마제국은 전 세계 경제력의 90%를 빨아들이고 있었다. 그렇기에 전 세계의 각종 진귀한 고가의 물품들을 소비할 수 있는 구매력이 있었다.

바벨론이 소비했던 품목을 살펴보면 대략 다음과 같다(계 18:12-13).

- 패물류 : 금, 은, 보석, 진주
- 옷감류 : 세마포, 자주 옷감, 비단, 붉은 옷감
- 목재류 : 각종 향목, 값진 나무

- 기명류 : 각종 상아 그릇, 구리 그릇, 철 그릇, 대리석 그릇
- 향신류 : 계피, 향료, 향, 유향, 향유
- 식음류 : 포도주, 감람유, 고운 밀가루, 밀
- 가축&노예 : 양, 말, 수레, 종들, 사람들의 영혼들

모두 7개 영역에 28개 품목이다. 이는 완전수 7에 동서남북 온 세상을 뜻하는 4를 곱한 수로 온 세상에서 끌어들인 재물들을 상징한다.

금은 지금도 마찬가지거니와 부의 척도이자 상징이었다. 하지만 로마에는 금이 나오지 않았다. 주로 스페인과 발칸 반도에서 수입하였다. 금이 모자라자 은의 인기가 치솟았다. 당시 귀족의 부잣집에는 침상과 사치스러운 욕조, 거울, 접시, 쟁반 등도 모두 은으로 덮었다. 로마인들은 백 파운드(45kg) 이상의 많은 무게가 나가는 은 접시를 사서 입구에 전시하여 부를 과시하곤 했다.

당시 값비싼 세마포와 자주 옷감의 경우는 그 가격이 7천 데나리온에 육박했다. 데나리온이 노동자 하루의 품삯이라면 7천 데나리온은 오늘날로 치면 그 가격이 무려 5억을 호가하는 초호화 명품이었다. 붉은 옷감의 경우 천연 염색 재료로 뿔 고둥 조개를 사용했다. 옷 한 벌을 염색하려면 조개 한 개에 한두 방울 정도 나오는 염료를 모아야 했는데, 그러려면 수천, 수만의 뿔 고둥 조개를 까서 추출해야 했다. 상당한 노동력과 정성이 들어간 값비싼 옷이었다. 우리 돈으로 수십억씩 하는 각종 상아 그릇도 날개 돋친 듯 팔려나갔다. 과

도한 상아 소비로 당시 시리아의 코끼리가 멸종 위기에 처했고, 북 아프리카의 코끼리도 개체수가 급감할 정도였다.

제국은 향료의 세계에도 새롭게 눈떴다. 빈번한 황제나 고관의 장례에 유향과 몰약과 같은 향료는 시신의 부패하는 냄새를 방지하는 데 매우 효과적임을 알게 되었다. 이후 제국은 전 세계의 향료를 빨아들이다시피 했다. 전 세계 최대의 향료 소비국이 되었다. 유향과 몰약의 경우 공급이 수요를 따라잡지 못해 값이 천정부지로 뛰어오를 정도였다. 심지어 금값에 버금가기도 했다. 향료 구매를 위한 막대한 재정지출은 제국의 재정을 뒤흔드는 주요 원인이 될 정도였다.

주목할 것은 바벨론이 이러한 부와 사치와 쾌락을 추구하는 가장 끝자락에 가서는 사람들의 영혼들까지 거래하기 시작했다는 점이다(계 18:13). 이는 바벨론이 단순한 제국이 아니라 사람의 영혼을 훔치고 탐닉하는 사탄적 영성의 성읍임을 극명하게 보여준다.

하늘의 음성은 이런 바벨론을 향해 선언한다.

"네 영혼이 탐하던 과일이 네게서 떠났으며 맛있는 것들과 빛난 것들이 다 없어졌으니 사람들이 결코 이것들을 다시 보지 못하리로다"(계 18:14).

바벨론의 '영혼이 탐했다'는 것은 그가 영성 있는 존재임을 알려준다. 바벨론은 전 세계의 눈물과 피땀으로 생산해낸 달콤해 보이는 열매들을 거침없이 탐하고 소비하는 존재였다. 그러나 이제 이것으

〈The Course of Empire Destruction(제국의 행로) 중 '파괴'〉
(토마스 콜(Thomas Cole) 연작, 1836년)

로 끝이다. 그 화려하던 바벨론은 이제 하나님의 진노의 심판 앞에
사라질 것이다.

　바벨론 덕에 부를 쌓았던 상인들은 두려움에 사로잡혀 땅의 왕
들처럼 멀리 서서 거리 두기를 한 채 울며 애통해한다. 상인들의 통
곡에 이어 그동안 상품을 실어 날랐던 선장과 선객과 선원들과 바다
에서 일하는 자들도 멀리 서서 통곡한다. 이들은 제국의 해상무역으
로 큰 이익을 보았던 자들이다.

　　"이 큰 성과 같은 성이 어디 있느냐. …바다에서 배 부리는 모든

〈맷돌을 바다에 던지는 천사〉(필립 메드허스트 作, 2008년)

자들이 너의 보배로운 상품으로 치부하였더니 한 시간에 망하였
도다"(계 18:18-19).

이들도 결국 바벨론의 멸망과 함께 한 시간에 망한다. 이처럼 바
벨론을 의지하여 일구었던 부는 속히 멸망으로 치닫게 된다. 이때
한 힘 센 천사가 큰 맷돌 같은 돌을 들어 바다에 던진다.

거대한 맷돌이 들려 바다에 빠지자 천사는 선언한다.

"큰 성 바벨론이 이같이 비참하게 던져져 결코 다시 보이지 아니하리로다"(계 18:21).

이제 후로는 제국에서 흥을 돋우던 음악 예술가, 귀금속을 만들던 세공업자, 곡식을 가공하던 맷돌 갈던 이들의 활동이 모두 멈출 것이다(계 18:22). 밤마다 연회를 벌이며 제국의 거리를 밝히던 등불은 꺼질 것이고, 혼인 잔치도 사라질 것이다(계 18:23). 그동안 모든 나라를 흥분시키며 미혹했던 바벨론의 판타지 마법은 이제 끝났다. 바벨론이 이렇게 심판받는 결정적인 이유가 무엇일까? 힘 센 천사는 그것이 바벨론 성읍 안에서 발견된 선지자, 성도, 그리고 숱한 순교자들의 피 때문이라고 선언한다(계 18:24). 바벨론은 화려하고 매혹적인 겉모습과는 달리, 예수님의 증인들을 짓밟고 취한 잔혹하고 추한 음녀의 도시였다.

천상에 울려퍼지는 찬양과 백마 탄 그리스도

＊ 천상에 울려퍼지는
큰 무리의 찬양 계 19:1-10

환상 중에 바벨론의 패망을 목격한 요한은 하늘에서 울려퍼지는 허다한 큰 무리의 음성을 듣는다. 이 소리는 왠지 익숙했다. 전에 천상의 환상 중에 각 나라와 족속과 백성과 방언에서 나온 셀 수 없는 흰 옷 입은 큰 무리의 찬송소리와도 같았다(계 7:9). 요한은 이들이 천상에서 큰 소리로 "구원하심이 보좌에 앉으신 우리 하나님과 어린 양에게 있도다"(계 7:10)고 찬양했던 것을 들은 적이 있다. 지금 그것과 같은 큰 무리의 웅장한 찬송소리가 또다시 천상에 울려퍼지고 있다.

"할렐루야. 구원과 영광과 능력이 우리 하나님께 있도다. 그의 심판은 참되고 의로운지라. 음행으로 땅을 더럽게 한 큰 음녀를 심판하사 자기 종들의 피를 그 음녀의 손에 갚으셨도다"(계 19:1-2).

하늘의 허다한 큰 무리의 찬송소리는 이 찬양 후 두 번째 "할렐루야!" 찬양으로 이어진다.

"할렐루야, 그 여자에게서 나는 연기가 영원히 올라가는구나"(계 19:3, 새번역)

"그 여자에게서 나는 연기"란 음녀 바벨론이 파멸되며 올라가는 연기를 말한다. 이 연기가 영원히(forever and ever, NRSV) 세세토록 올라가는 것은 바벨론 파멸의 결과가 영원하여 다시는 바벨론을 볼 수 없음을 나타낸다.

웅대한 찬양소리에 요한이 눈을 들어보니 이때 천상의 이십사 장로와 네 생물이 하나님의 보좌에 엎드려 경배하며 "아멘, 할렐루야!"로 화답하며 외친다(계 19:4). 이때 하나님의 보좌에서 한 음성이 나와 하나님의 백성들을 찬양으로 초대한다. 이 음성은 보좌 가까이서 하나님을 섬기던 천상의 네 생물 또는 이십사 장로 중 하나의 음성일 것이다.

"하나님의 종들 곧 그를 경외하는 너희들아 작은 자나 큰 자나 다 우리 하나님께 찬송하라"(계 19:5).

천상의 찬양에 초대받은 하나님을 경외하는 하나님의 종들은 천상의 큰 흰 옷 입은 무리, 십사만 사천을 가리킨다(계 7:4,9). 이들은 많은 물소리와 같고 큰 우렛소리와도 같은 웅장한 소리로 세 번째 할렐루야를 목청껏 높인다.

"할렐루야 주 우리 하나님 곧 전능하신 이가 통치하시도다. 우리가 즐거워하고 크게 기뻐하며 그에게 영광을 돌리세 어린 양의 혼인 기약이 이르렀고 그의 아내가 자신을 준비하였으므로 그에게 빛나고 깨끗한 세마포 옷을 입도록 허락하셨으니 이 세마포 옷은 성도들의 옳은 행실이로다 하더라"(계 19:6-8).

천상의 찬양소리는 하나님께 영광을 돌리며 이제 어린 양의 혼인 잔치가 가까이 왔음을 노래한다. 혼인 기약은 혼인 잔치 혹은 혼인 예식으로 번역하는 것이 더 정확하다. 유대 사회에서 혼인은 신부와 신랑이 먼저 약혼식을 통하여 상호 간에 정혼관계를 맺는 것으로 시작된다. 신랑은 아내에게 충실할 것을 약속하며 아내의 행복을 책임진다. 신부는 이런 신랑에게 자신의 정절과 충실을 맹세한다. 정혼식을 맺으면 신랑은 신부의 행복을 위해 결혼지참금을 마련하기 위해 일하러 나가고, 신부는 돌아올 신랑을 맞이하기 위해 자신을 정결하게 준비한다(요 14:2-3 참조). 만약 이 기간에 신부가 자신의 정절을 지키지 못하고 음란하게 다른 남자와 동침을 하거나 아이를 가지면 정혼관계는 그것으로 끝났다.

신랑이 신부를 맞이할 준비를 다 마치면 신랑은 다시 신부에게로 와서 신부를 데리고 신랑의 집으로 들어가 성대한 혼인 잔치를 벌인다. 천상의 노랫소리에 "어린 양의 혼인 잔치가 가까이 왔다"라고 하는 것은 이제 신랑 되신 어린 양이 다시 와서 신부를 데리고 신랑의 집에 가서 벌일 바로 그 혼인 잔치가 가까이 왔다는 뜻이다.

어린 양의 신부인 교회는 혼인을 위해 그동안 자신을 정결하게 준비해왔다. 하나님은 이런 신부에게 빛나고 깨끗한 세마포 옷을 입도록 허락하셨다. 세마포 옷은 성도들의 옳은 행실을 잘 나타낸다(계 19:8). 여기서 옳은 행실이란 윤리, 도덕적 행실이라기보다 음녀 바벨론의 미혹에 저항하며 끝까지 우상에게 절하지 않고 정결한 믿음을 지키기 위해 인내하며 분투했던 행실들을 말한다. 이런 행실은 자신을 정결하게 지키며 신랑을 기다린 신부에게 적합한 행위이다. 신부는 이러한 행위로 혼인 예복을 준비한다. 여기서 주목할 점은 신부가 정결하게 행하며 세마포 옷을 준비한 것은 신부가 되기 위해서가 아니라 신부로 택함을 받았기 때문이라는 사실이다! 어린 양의 피로 그의 언약백성이 되고 신부가 되었기에 예수 그리스도로 옷 입는 정결한 신부로 준비되는 것이다. 이 순서가 뒤바뀌면 안 된다.

성경에 따르면 남자가 결혼하면 군대에 가지 않고 그의 아내와 함께 집에 머물러야 했다(신 24:5). 하지만 남자는 전쟁 중에 결혼할 수 없었다. 전쟁이 끝나야 결혼할 수 있었다. 이것은 신랑 되신 어린 양에게도 적용된다. 신랑 되신 어린 양이 싸워야 할 싸움이 다 끝나지 않고는 혼인 잔치가 벌어질 수 없다. 물론 음녀 바벨론은 무너졌다. 그러나 아직 모든 것이 끝난 것이 아니다. 조만간 싸워야 할 마지막 싸움이 있고, 이 싸움이 종식되어야 모든 전쟁이 그칠 것이다. 물론 최후의 전쟁은 어린 양의 큰 승리로 끝날 것이다(계 19:11-21).

어린 양의 신부는 혼인 잔치를 기다리며 자신을 준비하고 단장을 마쳐가고 있다. 그동안 환난과 인내 중에 믿음을 지킨 신부는 정결한 행실로 세마포 옷을 준비하였고, 어린 양이 준비한 혼인 잔치에 초대를 받았다. 어린 양의 신부로 등장했던 교회는 9절에서는 잔치에 초대받은 손님이라는 심상으로 또다시 등장한다. 요한의 가슴은 혼인 잔치가 가까웠다는 말에 벅차오른다. 이때 천사가 "어린 양의 혼인 잔치에 청함을 받은 자들은 복이 있도다. 이것은 하나님의 참되신 말씀이라"(계 19:9)고 선언하며, 이것을 기록하라고 한다. 요한은 가슴이 북받쳐 올라 자신에게 하나님의 말씀을 전해 준 천사에게 엎드려 절하려 한다. 그러자 그 천사가 급히 요한을 말리며 말한다. "나도 예수의 증언을 간직하고 있는 네 동료들 가운데 하나요, 너와 같은 종이다. 경배는 하나님께 드려라. 예수의 증언은 예수의 영이다"(계 19:10, 새번역).

"예수의 증언은 곧 예언의 영"이란 무슨 뜻일까? '예수의 증언'은 예수님에 관한 증언을 말한다. '예언의 영'은 성령의 감동을 받은 예수님의 예언의 말을 뜻한다. 즉 천사와 성도가 모두 선포하는 예수 그리스도에 대한 증언은 동일하게 성령의 감동하심을 따라 받은 예언의 사역이기에 천사라고 해서 특별한 존재가 아니고 경배받아서도 안 된다는 뜻이다.

이제 요한의 시선은 이 세상 최후의 전장으로 향한다.

✳ 백마 탄 그리스도
최후의 전쟁 계 19:11-21

요한의 시선은 하늘 군대를 거느린 백마 탄 전사를 향한다. 백마 탄 전사의 이름은 '충실과 진실'(계 19:11)이었다. 그는 언뜻 보기에도 평범한 장수가 아니었다. 그 눈은 불꽃같이 이글거리고 있었다. 머리에는 수많은 왕관을 썼고 피 뿌린 옷을 입고 있었다. 여기서 피는 자신이 세상을 위해 흘린 속죄의 피일 것이다(계 7:14). 백마 탄 전사를 따르는 하늘의 군대들도 백마를 타고 그를 따랐다. 특이한 점은 백마 탄 군사들의 옷이 갑옷이 아닌 깨끗한 세마포 옷이었다는 사실이다(계 19:14). 전쟁을 수행할 무기나 갑옷 같은 것은 보이지 않았다. 그러나 그의 입에서 예리한 말씀이 검이 되어 나오는데, 이 검으로 만국을 치고 철장으로 다스릴 것이다(계 19:15). 제국에서 검은 황제와 같은 통치자가 제국의 백성들에 대한 생사여탈의 권세를 가졌음을 보여주는 상징이다.

하지만 그리스도는 실제 검이 아닌 말씀의 검으로 온 세상에 대한 권세를 가지신 분이다. 그리스도는 그 입의 기운으로 불법한 자를 심판하여 멸하실 것이다(살후 2:8). 이는 그의 입에서 나오는 심

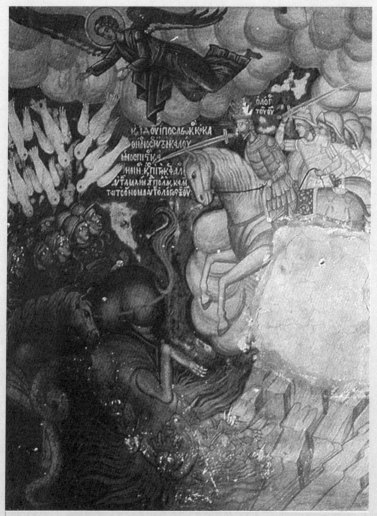

〈백마 탄 그리스도〉(19세기 작품, 디오니시우 수도원, 그리스)

판 선언을 뜻한다. 또한 그리스도는 하나님의 맹렬한 진노의 포도주틀을 밟으실 것이다. 그의 다리 부분까지 맞닿은 옷자락 부분에는 '만왕의 왕이요 만주의 주'라는 이름이 쓰여 있다.

위풍당당한 만왕의 왕 그리스도께서 군대를 거느리고 전장으로 향할 때 요한은 한 천사가 태양 안에 서서 공중에 날아가는 모든 새에게 큰 음성으로 심판의 잔치에 초대하는 소리를 듣는다.

> "와서 하나님의 큰 잔치에 모여 왕들의 살과 장군들의 살과 장사들의 살과 말들과 그것을 탄 자들의 살과 자유인들이나 종들이나 작은 자나 큰 자나 모든 자의 살을 먹으라"(계 19:17-18).

장차 어린 양의 혼인 잔치가 일어나겠지만 그 전에 먼저 이 땅에서 거대한 잔치가 일어날 것이다. 이 잔치는 하나님을 대적하던 왕, 장군, 그들을 따르던 모든 세상 군대의 살육으로 준비된 고기로 벌이는 섬뜩한 잔치다(겔 39:4,17-20 참조). 아직 전쟁이 일어나지도 않았지만 천사가 이렇게 미리 선포하는 것은 하나님을 대적하는 이 땅의 군대가 하나님 앞에 전혀 상대되지 않음을 예고하는 것이기도 하다. 도리어 이 땅의 군대는 처절한 심판에 처할 것이다. 이들의 고기를 먹으라는 천사의 외침은 하나님을 대적하던 자들에 대한 심판인 동시에, 이들이 복음을 증거하던 성도들의 시체를 길가에 버려두고 무덤에 매장하지 못하게 하며, 이들의 죽음을 기뻐하고 서로 예물을 보냈던 것에 대한 패러디이자 보응이기도 하다(계 11:9-10).

요한은 눈을 돌려 짐승과 그를 따르는 이 땅의 임금들과 군대들이 백마 탄 그리스도의 군대에 대항하여 전쟁을 일으키려 집결한 것을 본다(계 19:19). 과연 이 전쟁은 어떻게 될까? 긴장이 고조되려는 순간 일곱 머리 열 뿔 난 짐승이 사로잡히고, 두 뿔난 양 같은 짐승 곧 거짓 선지자도 함께 잡힌다(계 19:20). 거짓 선지자는 짐승의 표를 받게 하고 우상 숭배를 부추기며 미혹하던 자였다. 이 두 짐승은 함께 의식이 명료하게 산 채로 유황불 붙는 지옥 불못에 던져진다. 이들은 그곳에서 죽지 못한 채 명료한 의식을 갖고 영원한 고통의 형벌을 당할 것이다(계 20:10, 참조 계 14:10-11).

이들을 따르던 나머지 왕들과 군대 또한 백마 탄 자의 입에서 나오는 검으로 순식간에 죽임을 당한다. 이 검은 하나님을 대적하는 모든 대적들에게 심판을 선고하고 집행하는 그리스도의 입에서 나오는 말씀이다. 이렇게 볼 때 아마겟돈 전쟁은 서로 피가 튀는 전쟁이라기보다 세상을 위해 피흘리신 예수께서 그들에게 책임을 묻는 공의의 심판에 가깝다. 이들 역시 하나님의 최후의 심판대 앞에 서겠지만(계 20:12), 죽임을 당해 매장당하지 못하고 비참한 상태에 방치되어 공중의 온갖 새에 뜯어 먹히는 저주받은 상태에 처하게 된다.

천년왕국과
백보좌 심판

✳ 천년왕국 계 20:1-6

이때 요한의 시선은 하늘에서 내려오는 한 천사에 집중
된다. 그 천사는 무저갱의 열쇠와 큰 쇠사슬을 가지고 하늘로부터 내
려온다. 그가 내려온 것은 하늘에서 밤낮 참소하다 이 땅으로 쫓겨난
용 곧 사탄을 추격하여 체포하기 위해서다(계 12:10). 천사는 옛 뱀이
자 마귀라 불리기도 하는 사탄을 마침내 사로잡아 쇠사슬로 결박한
다. 그러고는 그를 무저갱에 던져 넣는다. 천사는 사탄을 무저갱에
감금하여 천 년이 끝날 때까지 만국을 미혹하지 못하게 하였다.

이 무저갱은 어떤 곳일까? 무저갱은 사탄이 최후로 심판받을 불
못과 다르다. 죽은 자들이 마지막 심판까지 머물러 있는 음부와도
다르다(계 1:18, 20:13). 무저갱(無底坑, abyss)은 문자적으로 '바닥
이 없는 구덩이'로 지리적 장소라기보다 사탄의 주권이 극도로 제한

되는 결박의 상태와 영역을 가리킨다. 앞서 요한은 제국을 향한 다섯째 나팔 심판 때 하늘에서 내려온 천사 하나가 무저갱을 잠시 열어 황충을 풀어놓았던 것을 환상 중에 보았던 적이 있다(계 9:1-11). 이때 황충은 하나님의 인 맞은 성도들을 해하지 못하고 인 맞지 않은 땅의 백성들을 잠시 다섯 달 동안만 공격할 수 있었다.

하지만 지금 요한이 보는 환상은 시간적으로는 다섯째 나팔 훨씬 이전의 시기, 곧 하늘에서 사탄이 내쫓긴 직후다(계 12:7-12). 하늘에서 사탄을 추격하여 내려온 천사는 사탄을 쇠사슬로 묶어 활동을 억제하고, 무저갱에 넣어 잠그고는 그 위에 인봉했다. 이렇게 사탄을 무저갱에 넣어 잠근다는 것은 사탄의 영역이 더는 온 세상에 가득하지 못하도록 제한하고 억제함을 뜻한다.

사탄을 무저갱에 던져 넣고 인봉한 것은 완전한 격리와 감금일까? 아니면 활동의 결박과 제한을 의미할까? 이는 성도들의 이마에 인친 것을 생각하면 이해가 쉽다. 성도의 인침은 악의 활동으로부터 완전한 격리와 보호가 아니라 박해 가운데서도 믿음이 흔들리지 않도록 붙들고 보호하는 영적 보호다(계 7:3-4, 11:2). 마찬가지로 사탄의 무저갱 감금과 인봉은 완전한 감금이라기보다는 활동의 결박과 제한을 의미한다. 하나님께서 사탄을 결박하면 그 누구도 사탄의 활동을 자유롭게 풀어줄 수 없다. 만약 자유롭게 풀려난다면 사탄은 온 세상을 삽시간에 미혹하여 장악할 뿐 아니라 성도의 영혼까지 공격할 것이다. 우리는 그런 가공할 사탄의 활동력을 이미 창세기 노아의 홍수심판 때, 바벨탑사건 때 경험한 바 있다. 이때 모든 나라와

〈사탄이 결박당하다〉(츠빙글리 성경 삽화, 1531년)

민족과 방언이 미혹되어 하나님을 대적하여 돌아섰다.

하지만 예수 그리스도께서 세상에 오셔서 십자가와 부활로 죄와 사망의 권세를 이기신 후, 사탄은 하늘에서 참소하지 못하고 번개같이 떨어졌다(계 12:9-12, 요 12:31, 눅 10:18). 이제 사탄은 예수의 이름으로 결박당하여 꼼짝 못한 상태가 되었다(마 12:29). 그의 악한 활동이 제한된 무저갱, 곧 '옥'(계 20:7)에 갇힌 상태가 된 것이다. 옥은 최종 판결이 내려질 때까지 죄수를 붙잡아 두는 곳이다. 이는 사탄이 세상 만국을 이전처럼 큰 권세로 간악하게 미혹하며 결코 빼앗아 갈 수 없도록 결박당하여 그 활동이 제한된 상태를 의미한다. 그래서 사탄은 이전처럼 더 이상 '만국'을 미혹하지 못한다. 이전에 만국은 미혹을 받아 이스라엘 나라 밖의 사람으로 하나님과 언약에서 끊어졌었다(엡 2:11-13). 그러나 사탄의 결박으로 만국의 미혹이 제거되었고, 각 족속과 방언과 백성과 나라 가운데서 크고 셀 수 없는 수많은 이가 하나님께 돌아오게 되었다(계 5:9-10, 7:9). 하지만 사탄의 활동이 완전히 제거된 것은 아니다. 사탄은 비록 예수의 이름과 권세 아래 제한되어 있지만 여전히 세상 가운데 믿지 않는 자의 마음을 혼미하게 하고(고후 4:4), 세상을 주관하려 한다(요일 5:19). 그러나 사탄은 이 땅에서 결박된 상태로 더 이상 만국을 미혹하지 못하고, 온 세상은 아브라함에게 주신 약속대로 아브라함과 다윗의 후손인 메시아를 통해 복을 받게 될 것이다(창 12:3, 마 1:1). 사탄은 최종 판결로 지옥불에 떨어지기 전 잠시 난동을 부릴 것이다(계 20:3). 그러나 그것도 잠시뿐, 결국 불못에 던져질 것이다(계 20:10).

<《무저갱의 열쇠》(루터 성경(초판본) 삽화, 1530년)

　　이때 요한의 시선은 영광스러운 하늘의 보좌들을 향한다. 보좌
에는 앉은 자들이 있었는데, 이들은 심판하는 권세를 받고 그리스도
와 함께 만국을 다스리는 권세를 행사하고 있었다(계 20:6, 참조 단
7:22,27, 눅 22:30). 요한이 보좌에 앉은 자들을 자세히 보니 이들
은 예수님을 증거하고 하나님의 말씀을 지키다가 목 베임을 당한 순
교자의 영혼들이었다.

　　"또 내가 보좌들을 보니 거기에 앉은 자들이 있어 심판하는 권세
　　를 받았더라. 또 내가 보니 예수님을 증언함과 하나님의 말씀 때
　　문에 목 베임을 당한 자들의 영혼들과 또 짐승과 그의 우상에게

경배하지 아니하고 그들의 이마와 손에 그의 표를 받지 아니한 자들이 살아서 그리스도와 더불어 천 년 동안 왕 노릇하니 (그 나머지 죽은 자들은 그 천 년이 차기까지 살지 못하더라) 이는 첫째 부활이라"(계 20:4-5).

그들은 짐승과 짐승을 모방해 만든 우상에게 경배하지 않고 또 이마와 손에 짐승의 표를 받지 않은 이들이었다. 이들은 비록 목 베임을 당하여 죽었지만 그 영혼은 살아서 영광스러운 하늘 보좌에 그리스도와 함께 앉아 그와 더불어 천 년 동안 왕이신 그리스도의 통치에 참여하고 있었다. 이는 성도가 경험하게 될 첫째 부활이다. 여기에서 첫째 부활이란 비록 그 몸은 죽었으나 그 영혼이 그리스도와 함께 천상에서 천 년 동안 거하며 그의 통치에 동참하는 것을 뜻한다. 그리고 첫째 부활을 경험한 성도는 그리스도께서 재림하실 때 그의 몸도 부활하여 최종적인 부활을 경험할 것이다(롬 8:11). 이는 부활의 첫 열매되신 그리스도의 부활과 같은 종류의 부활로, 그리스도와 함께 새 하늘과 새 땅에서 하나님의 영광을 친히 보며 영원토록 살아가기 위한 부활이다.

그리스도는 부활 승천 이후 하나님으로부터 모든 이름 위에 지극히 높고 뛰어난 이름을 받았다. 하나님은 하늘에 있는 자들과 땅에 있는 자들과 땅 아래에 있는 자들로 모든 무릎을 예수의 이름에 꿇게 하시고, 모든 입으로 예수 그리스도를 참된 주인이자 왕이라고 시인하여 하나님께 영광을 돌리게 하셨다(빌 1:9-11). 이제 그리스도는 천 년 동안 하늘 보좌에서 온 세상의 참된 주이자 왕이 되어 통치하실 것이다. 여기서 천 년은 문자적 천 년이 아니라 그리스도가 온 세상의 주가 되어 하늘에서 통치하는 기간을 상징하는 상징적인 천 년이다.

하지만 천상의 천 년 통치 동안 이 땅에서는 교회가 환난을 겪으며 믿음의 보호를 받는 기간을 지낸다. 이때는 1,260일, 마흔두 달, 세 때 반의 시간이다. 천상의 통치라는 관점에서는 천 년이지만 이 땅의 핍박이라는 관점에서는 삼 년 반에 불과하다. 이는 다니엘서 9장 27절에서 말한바 이스라엘의 온전한 회복을 기대하는 제한된 핍박의 기간을 상징하는 것이기도 하다. 교회는 이 땅에서 핍박을 받지만 하나님의 인친 백성으로 그 믿음을 보호받을 것이다. 하나님이 보호하는 인친 백성들의 영혼을 사탄은 결코 빼앗을 수 없다. 지상의 성도는 이 기간 믿음으로 인내의 분투를 싸워간다. 반면 천상의 성도는 하나님과 그리스도의 왕 같은 제사장이 되어 천 년 동안 그리스도와 더불어 왕 노릇에 참여할 것이다.

✱ 사탄의 패망과 백보좌 심판 계 20:7-10

영원할 것 같았던 그리스도의 천상 통치기간, 천 년이 마침내 다 찼다. 그러자 그동안 옥에 감금되어 활동이 제한되었던 사탄이 잠시 풀려난다(계 20:7). 이전처럼 온 세상을 미혹할 수 있는 권세를 회복한 사탄은 순식간에 온 땅의 백성들을 미혹한다. 이들은 '곡과 마곡'의 백성으로 묘사되기도 한다(계 20:8). 곡은 이스라엘 북쪽 지역인 로스, 메섹, 두발 지역을 가리키며, 마곡은 곡의 땅이란 뜻이다. 곡과 마곡은 에스겔 38장을 배경으로 종말에 일어날 전쟁을 상징한다. 곡과 마곡은 하나님의 백성 이스라엘을 멸망시키기 위해 전쟁을 벌이지만 하나님의 심판으로 멸망한다(겔 39장). 이후 하나님의 백성은 영화롭게 되어 종말의 성전을 즐거워한다(겔 40-48장). 여기서 곡과 마곡의 전쟁은 사탄이 충동하여 일으키는 종말 최후의 전쟁을 상징한다. 이 전쟁을 위해 모인 이들이 얼마나 많은지 그 수가 바다의 모래와 같았다.

곡과 마곡의 군대는 기세등등하여 성도들의 진영, 곧 하나님이 사랑하는 거룩한 공동체를 둘러쌌다. 이제 곧 거대한 전쟁이 발발할 것 같은 긴장된 순간이다. 하지만 전쟁은 의외로 순식간에 싱겁게 끝나 버린다. 하늘에서 큰불이 내려와 사탄의 군대를 삽시간에 태워버리기 때문이다(계 20:9, 참조 겔 38:22, 39:6). 불이 떨어지는 것은 종말의 여호와의 날에 일어날 심판의 특징이다(습 3:8). 결국 이 전쟁은 사탄 진영의 완전한 패배와 궤멸로 끝난다. 이후 그동안 곡과 마곡 온 천하 사람들을 미혹했던 마귀가 불과 유황 못에 던져진다. 유황불에는 그의 하수인 역할을 했던 바다 짐승과 땅 짐승, 곧 거짓 선지자도 이미 사로잡힌 채 던져져 고통을 받고 있었다(계 19:20). 천년왕국 이후 잠시 재기를 노려 기세등등했던 사탄의 발악은 순식간의 패배로 영원한 불못 심판으로 끝나고 만다.

〈곡과 마곡의 백성들을 몰아내기 위해 성벽을 쌓는 알렉산더 군대〉
(Jean Wauquelin 作, 1452년)

　　주목할 것은 '싸움(전쟁)'(계 20:8)은 앞에 정관사가 붙어, 정확하게 표현하면 '그 싸움' 혹은 '그 전쟁'이란 의미가 된다는 점이다. 이는 앞서 언급한 몇 차례의 전쟁(계 11:7, 16:14, 19:19)과 같은 바로 '그 전쟁'이다. 관사가 붙지 않고 요한계시록에서 처음 언급되는 전쟁은 두 증인 된 교회가 복음을 증언하고 1,260일간 증언을 마칠 즈음 무저갱으로부터 풀려난 짐승이 일으킨 전쟁이다(계 11:7). 이 전쟁으로 두 증인은 죽임을 당한다. 이 전쟁은 진노의 여섯째 대접이 쏟아질 때 또 나타나는데, 이때 유브라데 강물이 마르고 동방에서 오는 왕들이 짐승과 하나 되어 아마겟돈에서 최후의 격전을 벌인다(계 16:14). 또 이 전쟁은 백마 탄 그리스도와 그의 군대가 짐승과 그를 따르는 세상 왕들과 벌이는 최후의 전쟁으로 다시 한번 묘사된다(계 19:19).

이렇게 볼 때 요한계시록에 반복적으로 나오는 종말의 전쟁(계 11:7, 16:14, 19:19, 20:8)은 그리스도가 천상에서 통치하는 천상 통치의 끝자락에 사탄의 세력이 궤멸되기 직전에 일어나는 전쟁으로, 교회는 이때 짐승의 공격으로 많은 핍박과 환난에 놓이게 된다. 이렇게 전쟁이 다양한 모습으로 반복적으로 등장하는 것은 환난 중에 있는 교회에게 최후 승리의 확신과 환난을 인내하며 이겨내도록 반복적으로 격려하기 위함이다. 이러한 반복적 계시는 요한계시록에서 하나님께서 요한에게 주신 계시의 특징이기도 하다. 이는 마치 하나님께서 요한에게 천상의 장면(계 7장, 14장, 19장)을 여러 차례 다양한 관점에서 반복해서 보여주셨던 것과 같다(한 가지 세심하게 관찰해야 할 부분은 곡과 마곡의 전쟁 결과 마귀가 과연 불못에 들어갔느냐 하는 점이다. 아직 사탄은 불못에 들어가지 않았고 이 땅에서 성도들을 제한된 권세로 미혹하고 있는 중이다. 요한의 비전은 제국의 통치가 끝날 무렵 일어날 곡과 마곡의 전쟁과 이마겟돈 전쟁과 백마 탄 그리스도의 전쟁을 같은 관점에서 보았지만, 오늘날 독자의 현실에서 볼 때 아직 사탄이 불못에 들어가지 않았기에 곡과 마곡의 전쟁은 아직 남은 다가올 전쟁으로 보는 것이 적절하다. 이 부분에 대해서는 나의 저서 『평신도를 위한 쉬운 요한계시록 2』(서울: 브니엘, 2020), 288-296쪽을 참조하면 더 큰 도움을 얻을 수 있다).

마침내 모든 악의 세력이 궤멸되었고 천년왕국의 끝이 다가왔다. 이제 현시대는 끝이 나고 다가오는 새 시대, 새 하늘과 새 땅이 본격

〈Last Judgement〉(Stefan Lochner 作, 1435년)

적으로 펼쳐질 것이다. 하나님은 이를 위해 그동안 살아왔던 이 세상 모든 이들에 대한 심판을 천상의 크고 흰 보좌 앞에서 시행한다.

❋ 백보좌 심판 계 20:11-15

요한이 눈을 들어보니 크고 흰 보좌에 위엄 있게 앉으

신 하나님이 계셨다(계 20:11). 그동안 세상을 지탱해왔던 옛 하늘과 옛 땅은 모두 사라져 그 자리마저 찾아볼 수 없었다. 이때 요한은 하나님의 흰 보좌 앞에 그동안 이 땅에서 살다 죽었던 수많은 이들이 빈부귀천과 상관없이 모두 서 있는 모습을 보게 되었다(계 20:12). 이들은 하나님 보좌 앞에 펼쳐진 책에 근거하여 심판을 받고 있었다. 하나님의 보좌 앞에는 두 종류의 책이 펼쳐져 있었다. 하나는 죽은 자들의 행위를 따라 기록된 책이었고, 다른 하나는 어린 양의 생명을 얻은 자들의 이름이 기록된 생명책이었다(계 20:12, 13:8, 21:27).

이때 바다가 그 가운데에 죽은 자들을 내주었다. 또 사망과 죽은 자들의 영혼을 가두었던 음부도 그동안 붙들고 있던 죽은 자들을 다 하나님의 심판대 앞으로 내주었다. 그동안 음부에서 영혼만 고통받던 이들은 모두 다 육체가 살아나서 하나님의 최후의 심판대 앞에 섰다. 이는 최후의 심판이 영혼만 받는 것이 아니라 온전하게 영혼과 육체가 하나 된 전인(全人)으로 다시 살아나 심판받는 것이기 때문이다.

살면서 지었던 행위는 전인으로서 행한 것이기에 심판도 전인으로서 받는다. 그동안 이 땅에 살았던 모든 이들은 각각 하나님의 크고 흰 보좌 앞에 자기의 행위가 기록된 책에 따라 심판을 받는다. 이때 창세 이후로 그동안 수많은 사람을 가두어 두었던 '음부'와 '사망'은 사탄이 던져지는 최후의 심판 장소인 불못에 함께 던져진다. 사망도 불못에 던져지면 이제 이 세상에는 더는 사망의 쏘는 권세가 활동할 수 없고 무력화된다. 사망이 없는 시대로 진입하는 것이다.

이제 불못에 던져지는 사람들은 이곳에서 둘째 사망을 경험할 것이다. 첫째 사망이 영혼과 육체가 분리되어 육은 땅에 묻히고 영혼만 음부에서 고통받는 것이었다면, 둘째 사망은 영혼과 육체가 하나 되어 전인으로서 하나님과 영원히 분리된 상태로 불못에 던져져 영원히 고통받는 것이다. 둘째 사망의 본질은 영혼과 육신의 분리가 아닌, 참된 생명의 근원이신 하나님과 영원히 분리되는 것이다.

이 최후의 백보좌 심판 때 불못에 던져지느냐 마느냐를 가르는 결정적인 기준이 있다. 바로 '어린 양의 생명책'(계 21:27, 13:8)에 그 이름이 기록되어 있느냐 여부다. 누구든지 생명책에 기록되지 못한 자는 불못에 던져질 것이다(계 20:15). 그런 자들은 행위책에만 그 이름과 행실이 기록되어 있는데, 기록된 대로 심판받게 되면 그 누구도 심판을 면제받을 수 없다. 왜냐하면 모든 사람들이 죄를 범하여 하나님의 영광에 이르지 못하기 때문이다(롬 3:23). 이 세상에 의인은 하나도 존재하지 않는다(롬 3:10). 행위책에 기록된 것만으로 심판받는다면 사람은 불못에 던져질 운명에서 벗어날 수 없게 된다. 하나님의 백보좌 심판대에서 결정적으로 필요한 것은 오직 어린 양의 생명을 소유했는지의 여부다. 어린 양의 생명책에 기록되어야 불못으로부터 구원받고 새 하늘과 새 땅으로 들어갈 수 있다.

새 하늘과
새 땅,
그리고
하늘에서
내려오는
새 예루살렘

✳ 새 하늘과 새 땅 계 21:1-8

　　사도 요한이 눈을 들어보니 새로운 세상이 펼쳐졌다. 새 하늘과 새 땅이었다(계 21:1). 이전에 있던 처음 하늘과 처음 땅은 모두 사라졌다. 처음 땅에 있던 죄와 사망, 그리고 이와 관련된 모든 부정적인 것이 완전히 사라졌다. 짐승이 출몰하던(계 13:1) 바다도 이제는 존재하지 않았다. 옛 하늘 아래서 바다는 혼돈과 공허의 세력인 리워야단이 뛰놀던 무대였다(참조. 시 104:26, 사 27:1). 그러나 새 하늘과 새 땅에는 더는 리워야단이 존재하지 않는다.

　이때 요한은 거룩하고 웅장한 하나님의 성 새 예루살렘이 하나님으로부터 하늘에서 새 땅으로 내려오는 것을 본다. 그 준비된 모습이 마치 신부가 남편을 맞이하기 위해 단장한 것 같았다. 이때 하늘 보좌에서 큰 음성이 들린다.

"보라, 하나님의 장막이 사람들과 함께 있으매 하나님이 그들과 함께 계시리니 그들은 하나님의 백성이 되고 하나님은 친히 그들과 함께 계셔서 모든 눈물을 그 눈에서 닦아주시니 다시는 사망이 없고 애통하는 것이나 곡하는 것이나 아픈 것이 다시 있지 아니하리니 처음 것들이 다 지나갔음이러라"(계 21:3-4).

하나님의 장막은 출애굽 때 이스라엘 진영 가운데 낮에는 구름 기둥, 밤에는 불기둥으로 함께했었다. 이것이 신약시대에는 하나님의 아들 예수 그리스도께서 말씀이 육신이 되어 우리 가운데 장막을 치는 역사로 일어났다(요 1:14). 그랬던 것이 이 세상 끝에 거룩한 성 새 예루살렘이 새 땅에 내려올 때 하나님께서 친히 장막을 치고 그의 백성과 함께 거하는 사건으로 완성되었다. 그 결과 그들은 하나님의 백성이 되고 하나님은 친히 그들과 함께 계시는 언약백성의 친밀한 관계가 성립되었다. 이는 일찍이 하나님이 처음 성막을 이스라엘에게 허락하실 때 약속한 말씀이기도 하다.

"내가 내 성막을 너희 중에 세우리니 내 마음이 너희를 싫어하지 아니할 것이며 나는 너희 중에 행하여 너희의 하나님이 되고 너희는 내 백성이 될 것이니라"(레 26:11-12).

이 약속이 마침내 거룩한 성 새 예루살렘이 이 땅에 내려옴으로 완전하게 성취되는 것이다. 이때 하나님은 그의 백성과 친밀하게 함

〈새 하늘과 새 땅〉(필립 메드허스트 作, 2008년)

께하며 그들이 이 땅에서 사는 동안 짐승에게 고난받고 죽임당하며 쏟았던 피와 눈물을 모두 닦아주신다(계 21:4). 이제 더는 죽음과 애통과 통곡소리와 질병과 아픔이 존재하지 않을 것이다(사 65:19-20). 그동안은 이러한 슬픔과 애통이 옛 땅을 가득 메우고 있었다. 그러나 이제 이 모든 것은 다 지나갔다.

이때 요한은 보좌에 앉으신 하나님의 음성을 듣는다.

"보라. 내가 만물을 새롭게 하노라. 이 말은 신실하고 참되니 기록하라"(계 21:5).

〈La Jérusalem céleste(천상의 예루살렘)〉(작자 미상, 14세기), 테피스트리

　　하나님께서 이제 만물을 새롭게 하신다. 여기 새롭게 한다는 것
은 그리스도의 십자가와 부활로 시작된 새 창조(고후 5:17)의 역사
가 마침내 새 하늘 새 땅에서 하나님의 모든 백성을 새로운 부활의
피조물로 변화되어 완성하실 것을 뜻한다. 이때 하나님은 믿음을 지
키며 인내의 분투를 수행했던 그의 백성들을 '나라와 제사장'으로
삼으시고 '성전 기둥'이 되게 하실 것이다(계 1:6, 3:12). 또한 새 하
늘과 새 땅에서 피조세계의 모든 것을 새롭게 하실 것이다.

　　이때 보좌에 앉으신 하나님은 요한에게 이어서 말씀하신다.

<The Great Day of His Wrath>(John Martin 作, 1851-1853년)

"이루었도다. 나는 알파와 오메가요 처음과 마지막이라. 내가 생
명수 샘물을 목마른 자에게 값없이 주리니 이기는 자는 이것들
을 상속으로 받으리라. 나는 그의 하나님이 되고 그는 내 아들이
되리라"(계 21:6-7).

'이루었도다'는 그동안의 모든 하나님의 구속 경륜이 마침내 모
두 완성되었음을 뜻한다. '이루었다'는 선언은 예수께서 십자가에
서 마지막 숨을 거두며 하신 말씀이기도 하다(요 19:30). 또 이것은
마지막 일곱째 대접이 쏟아지면서 한 번 더 등장한다(계 16:17). 예

수께서 십자가에서 하셨던 선언이 구속사의 목적과 계획을 성취한 것이라면, 일곱째 재앙은 현시대의 질서와 공중권세를 장악한 악한 세력의 심판과 종결을 성취한 것이다. 그리고 마침내 새 하늘과 새 땅에서 하나님은 하나님의 언약이 최종적으로 성취되었음을 선언하신다. 하나님의 구속사가 마침내 완성되고 완결되는 단계에 이른 것이다.

언약의 장엄한 성취를 선포하시며 하나님은 자신을 "알파와 오메가요 처음과 마지막"으로 밝히신다(계 21:6). 하나님께서 이 모든 구속의 역사를 시작하셨고 이끌어오셨으며 마침내 완성하셨다. 하나님은 역사의 절대 주권을 가지신 온 세상의 창조주시다. 하나님은 인류와 세상의 악에 대하여 한순간도 포기하지 않으셨던 신실하신 하나님이다. 또한 하신 약속을 마침내 이루기 위해 항상 열심히 이루어오신 참되신 하나님이다.

하나님은 현시대에 제국의 핍박과 횡포로 환난과 인내 사이에 믿음을 지키는 성도들에게 이 모든 것의 주권자가 하나님임을 밝히시며, 성도 앞에 놓여 있는 믿음의 분투를 계속해서 격려하신다. 하나님은 끝까지 분투하여 이기는 자들에게 생명수 샘물을 약속하시며, 하나님 나라의 풍성한 삶을 상속하실 것이다. 상속자가 되는 것이다. 하나님은 다시 한번 강조하여 말씀하신다.

"나는 그의 하나님이 되고 그는 내 아들이 되리라"(계 21:7).

하나님은 이제 믿음을 분투하는 성도들을 단순히 그의 백성이 아닌 하나님의 나라를 상속할 아들, 곧 양자로 삼아주실 것을 약속하신다. 반면 믿지 않는 자들, 제국의 위협을 더 두려워하는 자들, 우상을 의지하며 악을 자행하는 자들, 거짓말로 인생을 살아가는 자들은 모두 영원한 불못에 던져져 둘째 사망에 처할 것이다(계 21:8). 이런 자들은 모두 음녀 바벨론에게 나타났던 특징들이다. 즉 바벨론을 따르고 닮아가는 자들은 모두 둘째 사망에 처하게 되는 것이다.

✱ 하늘에서 내려오는 거룩한 성
새 예루살렘 계 21:9-27

새 하늘과 새 땅의 황홀한 모습에 요한은 가슴이 벅찼다. 이 땅의 성도들이 비록 현시대에 제국의 짐승에게 환난과 핍박을 당하고 있지만, 이것이 다가 아니라 더 놀라운 영광과 결말이 기다리고 있음을 새롭게 확신하게 되었기 때문이다. 요한은 이 벅찬 감격을 환난 중에 분투하는 일곱 교회의 성도들에게 속히 전달해주고 싶었다. 이때 일곱 대접 중 마지막 일곱 재앙을 담았던 천사 하나가 요한을 초대한다.

"이리 오라. 내가 신부 곧 어린 양의 아내를 네게 보이리라"(계 21:9).

사도 요한은 앞서 천상에서 허다한 무리가 "이제 어린 양의 혼인 기약이 이르렀고, 어린 양의 신부가 자신을 정결하고 아름답게 준비하였다"는 찬양하는 것을 들었던 적이 있다(계 19:7 참조). 천사는 이제 혼인 잔치가 열릴 것인데 아름답게 준비된 아내를 보여주겠다는 것이다. 이 천사는 일곱 대접을 가진 일곱 천사 중 하나로, 전에 요한에게 음녀의 모습과 음녀가 받을 심판을 보여주었던 적이 있다(계 17:1,3). 음녀는 하나님을 떠나 짐승의 인을 맞았던 음란하고 패역한 성읍 바벨론이었다.

그랬던 천사가 이제는 정말 아름답고 순결한 어린 양의 아내를 보여주게 된 것이다. 어린 양의 신부를 보여주는 천사도 기쁨으로 설레었을 것이다. 이 신부는 누구일까? 알고 보니 바로 이 땅에서 환난과 고난 가운데 인내하며 믿음의 선한 싸움을 싸우고 믿음의 정절을 지켰던 거룩한 교회였다. 이들은 하늘의 수많은 흰 옷 입은 큰 무리이자(계 7:9), 십사만 사천(계 7:4)이며, 요한이 편지를 보내며 믿음의 분투를 격려했던 일곱 교회의 거룩한 성도들이었다(계 2-3장).

사도 요한은 '성령 안에서'(in the Spirit, 계 1:10, 4:2, 17:3) 환상 가운데 천사의 인도를 따라 새 땅에 솟아난 크고 높은 산으로 올라갔다(계 21:10). 높은 산꼭대기에서 새 하늘을 보니 저 위 하늘로부터 거룩한 성 새 예루살렘이 강렬한 영광과 빛을 발하며 하늘에서 내려오는 것이 아닌가! 하나님의 영광이 가득한 거룩한 성 예루살렘에는 휘황찬란한 빛들이 새어 나오고 있었다(사 60:1-2 참조). 그 빛은 극히 귀한 보석과도 같았고 수정처럼 맑은 벽옥과도 같았다(계

〈새 예루살렘〉(Malnazar and Aghap'ir, 1645년)

21:11). 벽옥은 귀한 보석으로 보좌에 앉으신 하나님의 영광스러운 모습(광휘)을 묘사할 때도 사용된 적이 있다(계 4:3).

거룩한 성 새 예루살렘에는 크고 높은 성벽과 열두 대문이 있고, 열두 대문에는 열두 천사가 지키고 있었다(계 21:12). 각 대문에는 이스라엘 열두 지파의 이름이 쓰여 있었다. 대문은 동서남북 방향마다 세 개씩 있었다. 성벽에는 주춧돌이 열두 개가 있었고, 그 위에는 어린 양의 열두 사도의 열두 이름이 적혀 있었다(계 21:14). 요한에게 말했던 천사는 성과 문들과 성벽을 측량하려고 금으로 된 갈대자를 갖고 있었다. 새 예루살렘 성을 측량해보니 가로와 세로의 높이가 각각 만 이천 스다디온으로 똑같았다(계 21:16). 정방향의 성읍이었다.

한 스다디온은 약 192m로, 여기에 1만 2천을 곱하면 그 길이가 무려 2,304km가 되며, 이 길이는 욥바에서 유브라데까지 이르는 로마제국의 국경의 길이다. 하지만 여기서 1만 2천 스다디온은 하나님의 백성인 12에 많음을 의미하는 1,000을 곱한 숫자로, "각 족속과 방언과 백성과 나라"에서 나아온 성도들을 수용하기에 충분한 크기임을 상징한다.

특이한 것은 그 높이도 1만 2천 스다디온이라는 점이다. 높이가 1만 2천 스다디온이면 도대체 하늘 어디까지 올라가야 할까? 이러한 수치는 현실적으로 거의 불가능하다. 따라서 우리는 이러한 수치가 갖는 상징성에 주목해야 한다. 거룩한 성은 가로와 세로의 높이가 모두 같은 길이의 거대한 지성소의 특징을 가졌다! 지성소는 가로, 세로, 높이가 같은 정방형의 모양이다. 거룩한 성 새 예루살렘은 지극히 높으신 하나님의 영광을 담기에 충분한 높이와 너비를 가진 새로운 지성소인 것이다!

사도 요한은 천사가 거룩한 성에 이어 성벽을 측량하는 것을 본다(계 21:17). 천사가 측량하니 성벽의 치수는 백사십사 규빗이다. 한 규빗 45cm에 144를 곱하면 성곽의 높이와 두께가 무려 65m나 된다. 이는 오늘날 23~24층 아파트의 높이에 해당한다. 그러나 여기서는 하나님의 백성을 의미하는 12에 12를 곱한 것으로 하나님의 백성을 보호하기에 충분한 크기임을 상징적으로 보여준다. 성벽은 아름답기 그지없다. 벽옥으로 쌓은 거대한 성벽이 사방을 둘러쌌다. 거룩한 성 예루살렘을 쌓은 재료는 정금인데 하나님의 영광을 반사하며 마치 맑은 유리와 같았다.

성벽의 열두 주춧돌은 벽옥, 남보석(사파이어), 옥수, 녹보석(비취옥), 홍마노, 홍보석, 황옥, 녹옥, 담황옥, 비취옥, 청옥, 자수정 등 12가지 보석으로 꾸며져 있었다(계 21:19-20). 성벽을 따라 동서남북 각 세 개씩 난 12개의 문은 진주로 되어 있었다(계 21:21). 그 대문들은 각각 거대한 진주 한 개로 되어 있었다. 또 새 예루살렘의 길은 맑은 유리같이 하나님의 영광을 반사하는 정금으로 되어 있었다.

요한은 거룩한 성 예루살렘 안에서 특이한 점 하나를 발견했다. 옛 예루살렘에는 그 가운데 성전이 있었는데 여기서는 성전이 없는 것이었다(계 21:22). 알고 보니 도성 전체가 거대한 성전이자 지성소였다. 그 성은 해나 달의 비침이 쓸모없었다. 하나님이 친히 이곳에 좌정하셔서 그 영광을 강렬하게 사방에 비추고 있었기 때문이고, 또 어린 양이 밝은 등불이 되어주셨기 때문이다(사 60:19-20).

이때 요한은 만국이 그 빛 가운데로 나아오고 새 땅의 왕들이 그들의 영광을 새 예루살렘으로 들여오는 것을 보게 된다(계 21:24, 사 60:5). 이사야 60장의 비전이 완벽하게 성취되는 순간이었다.

"일어나라. 빛을 발하라. 이는 네 빛이 이르렀고 여호와의 영광이 네 위에 임하였음이니라. 보라. 어둠이 땅을 덮을 것이며 캄캄함이 만민을 가리려니와 오직 여호와께서 네 위에 임하실 것이며 그의 영광이 네 위에 나타나리니 나라들은 네 빛으로, 왕들은 비치는 네 광명으로 나아오리라"(사 60:1-3).

거룩한 성의 성문들은 온종일 닫지 않았다(계 21:25, 사 60:11). 밤이 없기 때문이다. 오직 하나님의 영광이 온 세상을 강렬하게 비추어 낮이 쓸데없을 정도였다. 수많은 이들이 만국의 영광과 존귀함을 그 성으로 들여온다(계 21:24, 사 60:5). 이는 영광과 존귀를 그 성의 주인이신 하나님과 어린 양께 드리기 위함이다.

요한은 이 놀라운 성읍에 들어가는 자가 도대체 누구일까, 어떤 자격을 가진 사람일까를 주의해서 보았다. 아! 오직 그들뿐이었다. 바로 오직 어린 양의 생명책에 이름이 기록된 자들이었다. 거룩한 성 새 예루살렘에 들어가는 데는 그것 하나로 충분했다.

이 놀라운 사실 앞에 요한은 전율했다. 거룩한 성 예루살렘에 충만한 하나님의 압도하는 영광으로도 놀랐거니와 그 성에 들어가는 이들이 오직 어린 양의 생명책에 기록된 이들이란 사실에 숨이 멎는 듯했다. 지금 밧모에 유배되어 당하는 고난은 비록 힘들지만 장차 나타날 영광과 결코 비교할 수 없었다. 지금 두고 온 일곱 교회의 핍박은 비록 어렵더라도 충분히 견뎌낼 만한 가치 있는 고난임을 확신하게 해주었다.

주 예수여,
오시옵소서!

✳ 생명수 강과 생명나무 계 22:1-8

　　요한에게 거룩한 성 새 예루살렘을 보여주었던 일곱
천사 중 하나는 이제 요한에게 하나님과 어린 양의 보좌로부터 흘러
나오는 수정같이 맑은 생명수 강으로 인도한다(계 22:1). 보좌 가운
데로부터 나오는 생명수 강은 새 예루살렘을 관통하는 주요 도로와
함께 나란히 흐르고 있었다. 강 좌우에는 생명나무가 무성하게 자라
양쪽에 즐비하게 서 있었다.

　　생명나무에는 생명나무 열매가 달마다 열두 번씩이나 맺히고 있
었다(계 22:2)(개역개정 번역의 "열두 가지 열매를 맺되 달마다 그 열매를 맺고"(2
절)에서 '가지'(kinds, NRSV, NIV)는 원문에 없다. 가지를 '나무가지'(branch)로 번
역하는 이단 단체의 해석은 심각한 왜곡이다. 직역하면 "열두 열매를 맺되 달마다 그
열매를 맺고"가 된다. 이러한 해석에 근거하여 본서는 생명나무 열매를 열두 번 맺되

매달마다 맺는 것으로 제안한다). 달마다 열두 번씩 맺히면 일 년에 144번이나 맺히는 셈이다. 이는 하나님의 백성을 상징하는 12를 두 번 곱한 숫자로, 새 예루살렘에 들어온 하나님의 백성들에게 하늘 생명을 공급하는 데 충분함을 나타낸다. 생명나무에서 나오는 나무 잎사귀들은 만국을 치료하는 잎사귀들이다. 이제 더는 새 예루살렘에서 그 어떤 영적, 육적 질병과 저주가 없음을 뜻한다. 마치 전에 에스겔 선지자가 보았던 성전 회복의 환상과 너무나도 흡사하다(겔 47:1-12). 아 그렇다면 에스겔은 장차 완성될 거룩한 성 새 예루살렘의 회복을 미리 보았단 말인가?

요한은 이제 이곳에서 하나님과 어린 양의 소유된 백성들이 하나님의 보좌 앞에 그분의 얼굴을 친히 보며 그를 예배하고 섬기는 놀라운 일을 목격한다. 하나님의 얼굴을 친히 맞대고 보며 영광 중에 그를 예배하는 것은 피조물인 인간이 누릴 수 있는 최고의 영광이자 특권이다! 요한은 하나님 백성들의 이마에 그의 소유된 백성임을 나타내는 하나님의 이름을 본다(계 22:4, 참조 계 7:3, 14:1). 이 놀랍고도 장엄한 예배의 현장에는 밤이 없고 등불과 햇빛의 비침이 쓸데없었다. 주 하나님 영광의 빛이 새 하늘과 새 땅을 가득 비추고 있었기 때문이다. 이제 이곳에서 하나님의 백성들은 영원토록 그리스도와 함께 왕 노릇 할 것이다.

요한은 거룩한 성 새 예루살렘이 에덴동산(garden)과 비슷하지만 에덴동산을 능가하는 거대한 성읍(city)임을 바라본다. 이곳은 하나님이 처음에 아담과 하와에게 에덴동산을 창설하시며 이루려고

〈생명의 강, 생명나무〉(Yates Thomson MS 10, 작자 미상, 1370-1390년경)

하셨던 비전, 곧 하나님의 형상을 가진 그의 백성이 생육하고 번성
하여 온 세상에 충만하게 되라는 언약이 완벽하게 성취된 곳이다!
하나님이 아담을 창조하고 주셨던 언약이 마침내 놀랍고도 완전하
게 성취되었다. 이 장엄한 환상에 요한의 가슴이 뛰었다. 지금의 고
난이 절망스러운 고난이 아니라 소망을 가져오는 고난임을 깨닫는
다. 어려워도 그리스도를 끝까지 저버리지 않고 붙들리라는 결단이
새롭게 일어났다. 또한 이 놀라운 소망을 속히 소아시아의 고난 받
는 일곱 교회에 전하고픈 열망이 새롭게 일어났다.

✳ 주 예수여 오시옵소서 계 22:6-21

성령 안에서 보았던 영광스럽고 장엄한 환상이 끝났
다. 이제 요한은 밧모섬에 홀로 유배된 자신에게로 돌아온다. 그러

나 그는 혼자가 아니었다. 그의 곁에는 지금까지 그를 거룩한 성 새 예루살렘으로 안내했던 천사가 함께 있었다. 천사가 요한에게 말한다. "지금까지 네가 보고 들었던 말씀들은 신실하고 참된 것이다. 선지자들의 영감의 근원이 되시는 하나님께서 그의 종들에게 반드시 속히 일어날 일들을 보이시려고 그의 천사를 너에게 보내셨다"(계 22:6 참조).

그러면서 천사는 그리스도의 말씀을 대신 전한다.

"보라. 내가 속히 오리니 이 두루마리의 예언의 말씀을 지키는 자는 복이 있으리라"(계 22:7).

요한은 성령 안에서 본 환상을 통하여 주님의 다시 오심과 현시대의 심판이 얼마 남지 않았음을 직감했다. 현세는 곧 멸망하고 이 땅의 교회는 반드시 보호받고 건짐을 받게 될 것이다. 그동안 게으르고 깨어 있지 않았던 성도들은 이제 정신을 차리고, 모두가 주님의 오심을 사모하며 기다리도록 격려해야겠다는 생각이 번쩍 들었다. 요한은 지금까지 보고 들었던 것이 이제 곧 성취될 것이라는 주님의 말씀에 벅찬 감격을 느끼며 전율했다. 그는 그만 천사의 발 앞에 경배하려 엎드렸다.

그러자 천사가 요한을 말리면서 말한다. "이렇게 하지 말아라. 나도, 너와 너의 동료 예언자들과 이 책의 말씀을 지키는 사람들과 같은 종이다. 경배는 하나님께 드려라"(계 22:9, 새번역). 천사는 예수님의 말씀을 전한다. "때가 가까이 왔으니, 이 책에 적힌 예언의 말씀을 봉인하지 말아라"(계 22:10, 새번역). 그리고 나서 천사는 사뭇 충격적인 예수님의 말씀을 전한다.

"이제는 불의를 행하는 자는 그대로 불의를 행하고, 더러운 자는 그대로 더러운 채로 있어라. 의로운 사람은 그대로 의를 행하고, 거룩한 사람은 그대로 거룩한 채로 있어라"(계 22:11, 새번역).

아니, 불의를 행하는 자는 그대로 불의를 행하도록 놓아두고 거룩한 사람은 거룩한 대로 두라니 이게 무슨 말인가? 그대로 심판받으란 말인가? 불의를 행하고 더러운 자는 지금이라도 회개하고 돌이켜야 하지 않을까? 이런 섬뜩한 말씀은 다니엘서의 예언 결론에도 등장한다.

"많은 사람이 연단을 받아 스스로 정결하게 하며 희게 할 것이나 악한 사람은 악을 행하리니 악한 자는 아무것도 깨닫지 못하되 오직 지혜 있는 자는 깨달으리라"(단 12:10).

이러한 선언은 회개의 경고를 거부하고 끝내 완악해지는 바로의 모습을 연상시킨다. 바로는 처음에는 자기 의지로 자기 마음을 강퍅하게 하여 하나님의 경고를 거부하지만(출 7:13, 8:19,32, 9:34-35), 나중에는 하나님께서 그의 마음을 강퍅하게 하신다(출 10:20,27,

11:10). 하나님이 바로의 마음을 강퍅하게 하신다는 것은 그에게 회개할 은혜를 거두어 가심을 뜻한다. 하나님의 계속된 경고를 거부하자 나중에는 죄를 깨닫고 회개할 수 있는 성령의 감동, 은혜를 거두어 가신 것이다. 그러자 자신의 힘으로 회개할 수 없는 상태에 이른 것이다.

이러한 바로의 상황을 볼 때 종말에 악한 사람은 지속해서 하나님의 부르심을 거부하다 결국 회개할 수 있는 은혜조차 거두어 가심을 볼 수 있다. 다니엘서에서는 예언적인 진술로 말씀하셨다면, 요한계시록에서는 단호한 명령으로 말씀하신다. 이는 종말에 주 앞에 신실하게 서는 자는 더욱 굳건하게 설 것이지만, 성령의 감동과 회개의 도전을 거부하는 이들은 있는 것마저 빼앗길 것을 분명하게 일어날 미래로 선언하는 것이다.

이제 예수께서는 요한과 교회를 위하여 마지막 격려의 말씀을 주신다.

"보아라, 내가 곧 가겠다. 나는 각 사람에게 그 행위대로 갚아주려고 상을 가지고 간다. 나는 알파며 오메가, 곧 처음이며 마지막이요, 시작이며 끝이다. 생명나무에 이르는 권리를 차지하려고, 그리고 성문으로 해서 도성에 들어가려고, 자기 겉옷을 [날마다] 깨끗이 빠는 사람은 복이 있다. 개들과 마술쟁이들과 음행하는 자들과 살인자들과 우상 숭배자들과 거짓을 사랑하고 행하는 자는 다 바깥에 남아 있게 될 것이다. 나 예수는 나의 천사(사자)를 너희에게 보내어, 교회들에 주는 이 모든 증언을 전하게 하였다. 나는 다윗의 뿌리요, 그의 자손이요, 빛나는 샛별(새벽별)이다"(계 22:12-16, 새번역).

이때 성령과 신부가 "오라"고 말한다(계 22:17). 성령은 신부와 함께하고, 신부는 성령의 능력으로 그의 능력 안에 깨어 들을 귀 있는 자들을 초대한다(계 2:7,17, 13:9). 여기서 신부는 마지막 때 완성된 모습의 신부가 아니라 지금 현재 성령의 능력으로 정결하게 자신을 준비하며 혼인기약을 기다리는 신부 된 교회를 가리킨다. 성령과 신부는 여기서 더 나아가 들을 귀가 있어 듣는 자와 목마른 자도 초대하며, 원하는 자는 값없이 생명수를 받으라고 한다(사 55:1 참조).

사도 요한은 지금까지 계속된 웅장한 계시의 말씀을 기록하며, 이제 마지막 주의할 것을 당부한다.

"내가 이 두루마리의 예언의 말씀을 듣는 모든 사람에게 증언하노니 만일 누구든지 이것들 외에 더하면 하나님이 이 두루마리에 기록된 재앙들을 그에게 더하실 것이요. 만일 누구든지 이 두루마리의 예언의 말씀에서 제하여 버리면 하나님이 이 두루마리에 기록된 생명나무와 및 거룩한 성에 참여함을 제하여 버리시리라"(계 22:18-19).

하나님이 주신 이 특별한 계시의 말씀에 다른 무엇인가를 더하거나 빼지 말라는 뜻이다. 그렇게 되면 계시의 본뜻이 왜곡되고 바른 신앙에서 이탈한다. 왜곡된 계시의 말씀을 붙들면 신앙의 위기를 겪게 될 것은 불 보듯 뻔하다. 이 모든 계시를 증언하신 예수께서 마지막으로 말씀하신다.

"내가 진실로 속히 오리라"(계 22:20).

이 말을 들은 요한은 간절한 마음을 담아 고백한다.

"아멘. 주 예수여 오시옵소서"(계 22:20).

모든 계시의 말씀을 기록한 요한은 이제 이 편지를 받을 교회를 향하여 편지의 내용을 잘 이해하고 순종하기를 바라며 마지막 인사를 남긴다.

"주 예수의 은혜가 모든 자들에게 있을지어다. 아멘"(계 22:21).

▶ **1장.** 밧모섬에 유배된 사도 요한에게 어느 주일, 부활하신 예수께서 영광스러운 모습으로 찾아오신다. 두고 온 일곱 교회를 걱정하던 요한에게 예수께서는 '성령 안에서'(in the Spirit) 일곱 별의 비밀과 일곱 금 촛대를 보여주신다. 그것은 고난 중에 있는 교회를 제국의 통치자가 핍박하고 좌지우지하는 것 같지만 예수 그리스도께서 능력의 오른손으로 단단히 붙들고 계심을 드러내는 놀라운 비밀이었다.

▶ **2-3장.** 예수께서는 로마가도를 따라 시계 방향으로 반원을 그리며 위치한 일곱 교회에게 편지를 보내신다. 에베소, 서머나, 버가모, 두아디라, 사데, 빌라델비아, 라오디게아교회에 자신을 부활하신 온 세상의 통치자로 계시하시며, 그동안 이들 교회가 믿음의 선한 싸움을 잘 싸워온 것을 칭찬하신다. 또 잘못한 것은 회개하고, 끝까지 인내하며 싸워 '이기는 자'가 되라고 격려하신다.

▶ **4장.** 일곱 교회에 편지를 쓴 요한은 고난받는 교회를 향한 안타까움이 있

었다. 이 땅에서 제국의 통치 아래 있는 교회들이 너무나도 연약해 보였다. 바로 이때 요한은 '성령의 감동 안에서'(in the Spirit) 새로운 환상으로 인도된다. 요한이 눈을 들어 본 것은 하늘에 있는 하나님의 장엄한 보좌였다. 하나님의 보좌는 형용할 수 없이 아름다웠고, 그 주위에는 네 생물과 이십사 장로가 끊임없이 하나님을 찬양했다. 그렇다! 바로 영광 중에 계신 하나님이야말로 온 세상의 진정한 주요 통치자다!!

▶ 5장. 이때 요한은 보좌에 앉으신 하나님의 오른손에 일곱 인으로 봉한 두루마리를 보았다. 일곱 인봉은 당시 제국의 최고 통치자가 제국 통치를 위해 보내는 공식문서에 사용되었다. 하나님 오른손에 놓여 있는 일곱 인봉의 두루마리는 온 세상을 경영하는 하나님 구원 경륜을 담은 공식문서였다. 이 안에는 고난을 겪는 교회를 향한 하나님의 구속 경륜이 들어 있음이 틀림없다. 요한은 주변에 두루마리를 떼기에 합당한 자가 아무도 없다는 사실에 크게 울었다. 이때 한 천사가 요한을 위로하며 유대 지파의 사자가 뗄 것이라고 위로한다. 요한이 보니 유대 지파의 사자인 다윗의 뿌리가 죽임당한 것 같은 어린 양의 모습으로 나아와 하나님 오른손에 있는 두루마리를 취한다. 이때 이십사 장로들이 성도들의 기도가 가득 담긴 금 대접을 갖고 어린 양이야말로 두루마리를 떼기에 합당하신 분이라고 찬양을 올려드린다.

▶ 6장. 요한은 어린 양이 일곱 인을 하나씩 떼는 것을 본다. 첫째 인을 떼니 흰 말을 탄 자들이 활을 들고 나타난다. 이들은 당시 제국을 호시탐탐 노리던 유브라데(유프라테스) 강 건너편의 파르티아 기마병들이었다. 이들은 국제전쟁을 일으켜, 이기고 또 이기려고 하고 있었다. 둘째 인을 떼자,

내란과 혁명이 일어나 제국 내의 사람들을 서로 죽이는 살육의 바람이 분다. 셋째 인을 떼자, 기근이 일어나 물가가 폭등하여 노동자 하루 임금인 한 데나리온에 한 가족이 하루 치 먹을 식량인 밀 한 되, 보리 석 리 석 되밖에 살 수 없었다. 제국이 기근에 당황하며 포도나무와 감람나무를 베어밀을 심도록 몰아가지만 하늘로부터 그리하지 말라는 음성이 들린다. 하나님이 보내는 재앙을 이런 방법으로 막을 수 없기 때문이다.

넷째 인을 떼자, 청황색 말이 나와 땅 사분의 일 권세를 얻어 검, 흉년, 사망, 짐승으로 사람들을 해친다. 이런 고난의 현장에 성도들은 많은 어려움을 겪는다. 국제전쟁과 내란 중에 권력을 잡은 통치자는 성도에게 누가 이 시대의 참 주(Lord)냐고 물으면, 바로 예수 그리스도라고 대답하기 때문이다. 이로 많은 성도가 잡혀가고 죽임을 당한다. 어린 양이 다섯째 인을 떼자, 죽임당한 성도들이 제단 아래에서 자신들의 무고한 피를 언제 갚아 주겠느냐고 간절히 탄원하며 기도한다. 그러자 하나님은 잠깐 쉬고 동료 종들이 순교를 당하여 그 수가 차기까지 기다리라고 하신다. 그러나 이것이 이 세상을 방임한다는 뜻이 아니다. 하나님은 이 세상을 반드시 심판할 계획을 갖고 계시다. 이것을 보여주는 것이 여섯째 인이다. 여섯째 인을 떼자, 옛 하늘과 옛 땅이 두루마리가 말리는 것처럼 사라지고, 그동안 제국을 힘입어 떵떵거리던 통치자들은 그 기반을 잃어버린 채 바위틈에 숨어 '이 진노의 심판의 날'에 누가 능히 서겠냐며 두려워 떤다.

▶ **7장.** 여섯 개의 인봉이 떼어지며 이 땅에 쏟아지는 재앙들을 본 요한은 근심에 사로잡힌다. 이러다 성도들은 계속해서 고난과 핍박 가운데 놓이게되고, 이러다 순교하는 이들도 점점 늘어날 것이기 때문이다. 이때 요한은 성령 안에서 새롭게 펼쳐지는 장면에 눈을 들어 바라본다. 네 천사가 땅

사방의 네 모퉁이에 서서 바람을 붙잡아 땅과 바다에 세상을 해롭게 할 바람을 억제시키고 있는 것이다. 이때 또 다른 천사가 하나님의 인을 갖고 나아와 이 땅에 작정하신 하나님의 종 14만 4천에게 인치기까지 그들을 해하지 말라고 외친다. "아, 비록 세상에 환난의 바람이 불어닥치나, 하나님이 이를 억제시키며 그의 백성들을 보호하고 지키시는구나!"

요한은 새로운 확신 속에 안도하고 위로를 받았다. 요한은 환상 중에 하나님이 새롭게 세우실 새 이스라엘 각 지파에 인침받은 자가 각각 1만 2천씩 총 14만 4천이라는 소리를 듣는다. 요한이 눈을 들어 십사만 사천을 직접 바라보니 이들은 문자적인 14만 4천이 아니라 각 나라와 족속과 백성과 방언에서 아무도 능히 셀 수 없는 큰 무리였다. 이들은 손에 승리의 종려나무 가지를 들고 나와 하나님 보좌 앞과 어린 양 앞에 서서 하나님의 구원 역사를 찬양한다. 요한은 이 땅의 성도들이 비록 무명한 자이자 핍박받는 자들이지만, 하늘에서는 놀라운 영광을 입은 존귀한 자들임을 확신하게 된다.

▶ 8장. 일곱째 인을 떼자 하늘이 반 시간쯤 고요해진다. 이때 하늘의 일곱 천사가 일곱 나팔을 받는다. 또 다른 천사는 본격적인 일곱 나팔의 재앙 전에 이 땅 성도들의 기도가 가득 담긴 금 향로를 하나님 보좌 앞에 쏟아 붓는다. 기도의 향연이 하나님께 올라가고 천사는 그 향로에 제단의 불을 담아 땅에 쏟는다. 이제 본격적으로 나팔 재앙이 쏟아진다. 이는 그동안 성도를 핍박했던 제국에 대한 본격적인 심판의 경고이다. 첫째부터 넷째 나팔은 마치 출애굽 재앙을 연상시키는 것과 같은 자연계에 대한 심판이다. 첫째 나팔은 피 섞인 우박 재앙, 둘째 나팔은 바다 피조물과 배 삼분의 일이 깨지는 재앙, 셋째 나팔은 물에 쓴 독이 풀어져 많은 사람이 죽는 재

앙, 넷째 나팔은 해달별 삼분의 일이 빛을 잃는 재앙이다. 하나님은 이러한 재앙으로 그동안 제국을 든든하게 떠받치던 제국 생태계를 뒤흔드는 것들로 제국을 향한 간접적인 경고이다.

▶ **9장.** 다섯째 나팔을 불자, 무저갱의 결박이 풀리며 황충이 올라온다. 이 황충은 생태계를 파괴하지 말고 오직 이마에 하나님의 인침을 받지 않은 제국의 백성들만 공격하라는 명령을 받는다. 이제 본격적으로 제국의 불신자들에 대한 심판이 시작되는 것이다. 황충은 다섯 달 동안 받은 제한된 권세로 제국의 백성들을 쏘며 괴롭힌다. 황충에 쏘인 이들은 죽고 싶을 정도로 괴로웠다. 그러나 그들은 죽기를 구하여도 죽음이 그들을 피하여 갔다. 이는 아직 살아 있는 기회를 주어 어떻게든 회개하고 돌아오도록 하기 위함이다. 이윽고 여섯째 나팔이 울려퍼진다. 그러자 제국의 경계를 이루는 유브라데에 결박한 네 천사가 놓이고, 이들은 수많은 마병대를 거느리고 제국의 우상을 숭배하고 죄악을 자행했던 이들을 친다. 수많은 기병대가 삼분의 일만을 치는 것은 아직 기회가 있을 때 회개하도록 하기 위함이다. 그러나 이들은 회개하지 않는다.

▶ **10장.** 이 땅에 하나님의 강력한 경고의 심판이 쏟아 부어질 때 요한은 새로운 사명에 눈을 뜬다. 그것은 바로 이 환난의 시대에 그리스도 예수의 증인이 되어 복음을 증거하는 것이다. 요한이 눈을 들어보니 힘 센 천사 하나가 내려와 손에는 펴 놓인 작은 두루마리를 들고 땅과 바다를 밟고 그 사이에 서서 외친다. "시간이 얼마 남지 않았다. 일곱째 천사의 나팔소리가 나는 날에는 하나님의 비밀이 이루어지리라!"

하나님의 비밀이란 세상에서 기세등등해 보이는 제국은 무너지고 핍박받고 죽어가는 그리스도의 교회가 승리하여 하나님께 영광을 돌리는 역설의 비밀이다. 세상에서 유명한 제국은 결국 고꾸라지고, 세상에서 무명한 그리스도의 몸 된 교회는 결국 인내하여 승리한다. 이어 요한은 하늘로부터 천사의 손에 펴 놓인 두루마리를 가지라는 음성을 듣는다. 요한은 천사에게서 두루마리를 갖다 먹어버렸다. 그러자 입에는 꿀같이 다나 배에서는 쓰게 되었다. 그러자 천사는 요한에게 "많은 백성과 나라와 방언과 임금에게 다시 예언 곧 예수를 증언하는 말씀을 전해야 한다"라고 말한다.

▶ **11장.** 이때 천사는 요한에게 지팡이 같은 갈대를 주며 성전을 측량하라고 한다. 단 바깥마당은 측량하지 말고 성전 내소만을 측량하라고 한다. 바깥마당은 이방인에게 주어 42개월 동안 짓밟힐 것이다. 성전을 측량한다는 것은 하나님께서 그리스도의 몸 된 교회를 지키고 보호하신다는 뜻이다. 내소는 측량하지만 바깥마당은 측량하지 않고 짓밟히게 허락하신다는 것은 교회의 내적 신앙은 지키고 보호하지만 외적 핍박은 허용하신다는 뜻이다. 이 기간에 그리스도께서는 교회에 권세를 주어 자신을 증거하게 하는데 교회는 핍박 중에서도 1,260일을 예언, 곧 예수의 증거를 선포할 것이다.

주님은 교회를 자신을 증거하는 두 증인으로 부른다. 두 증인은 하늘에서 불과 가뭄을 내리는 엘리야와 물을 피로 변하게 하는 재앙으로 제국의 땅을 치는 모세와 같은 사역을 감당할 것이다. 모세와 엘리야는 메시아의 사역을 예비하는 선구적인 인물로 예고되었던 인물이기도 하다(말 4:5, 신 18:15). 두 증인이 증언을 마칠 때 무저갱에서 풀려난 짐승이 이들을 죽이지만, 이들은 삼일 반 후 다시 살아나 하늘로 올라가고 이 땅은 큰 지진으로 성이 무너지고 성읍을 대표하는 사람들이 죽임을 당한다.

▶ **12장**. 이제 요한은 눈을 들어 두 증인의 예언 사역에 방해를 놓는 사탄의 세력을 보다 자세하게 보게 된다. 이들은 삼위일체 하나님을 흉내 낸 짝퉁 삼위일체인 용, 바다 짐승, 땅 짐승이다. 요한이 눈을 들어보니 해, 달, 별을 입은 여자(교회)가 아이(메시아)를 베어 해산하려고 하자 용이 그 아이를 잡아 삼키려고 기다린다. 그러나 용은 실패하고 아이는 철장 권세를 갖고 하나님 보좌 앞으로 승천한다. 아이가 승천하자 하늘에는 큰 전쟁이 일어나고 밤낮 하나님의 앞에서 참소하던 용, 곧 옛 뱀, 사탄은 이 땅으로 내쫓긴다. 용은 분노하여 여자를 박해하고 삼키려 하지만 여자는 큰 독수리의 두 날개를 받아 광야로 도망가 한 때와 두 때와 반 때 곧 1,260일을 보호받는다. 핍박 중에도 보호받는 것이다. 용은 분노하여 이제 여자의 자손들을 공격하려고 바닷모래 위에 선다.

▶ **13장**. 요한이 보니 용이 서 있던 바다에서는 일곱 머리 열 뿔 달린 짐승이 올라온다. 그는 실패에 실패를 거듭한 용의 사명을 대신 수행할 대행자다. 그는 일곱 머리 열 뿔을 가지고 있었는데 그 머리 하나가 상하여 죽었던 것 같다가 살아났다. 이는 당시 죽었다가 다시 살아나 나타난 제2의 네로라 불리는 제국의 통치자 도미티아누스를 가리키는 표현이기도 하다. 그러자 온 세상이 놀랍게 여겨 그 짐승을 따른다. 짐승은 42개월 동안 신성모독을 말하는 입을 허락받고 하나님과 그의 백성을 비방한다.

요한이 눈을 돌려 보니 이번에는 땅에서 어린 양같이 두 뿔이 있고 용처럼 말하는 짐승이 올라온다. 땅 짐승은 이적을 행하며 땅의 사람들 모두가 일곱 머리 열 뿔 난 바다 짐승 우상에게 절하게 한다. 그에게 생기를 주어 말을 하는 것처럼 거짓 요술(복화술)을 행한다. 그리고는 이 우상에게 경배하지 않는 자는 서슴없이 잡아 죽인다. 숭배하는 자들에게는 짐승을 경배한 표를 주는데, 그 표는 사람의 이름을 숫자로 나타낸 게마트리아이고 그 수를 세어보면 666이 나온다. 바로 네로 카이사르를 뜻하는 이중암호로, 제2의 네로라 불리는 도미티아누스 황제를 가리키는 숫자다.

▶ **14장.** 끔찍한 악의 삼위일체의 활동에 요한은 걱정되었다. 그러나 이어서 그의 눈앞에 전개되는 새로운 환상은 그의 근심을 제거하며 하나님의 승리를 확신하기에 충분하였다. 그가 눈을 들어보니 어린 양이 시온산에 섰고 그와 함께 한 십사만 사천이 있는데, 그 이마에는 어린 양의 이름과 하나님의 이름을 쓴 것이 있었다. 이들은 하늘에서 힘차게 승리의 새 노래를 부른다. 이제 어린 양은 손에 예리한 낫을 가지고 이 땅에 낫을 휘둘러 잘 익은 알곡을 추수한다. 또 다른 천사도 예리한 낫을 가지고 와서 휘두르는데 땅의 포도가 거두어져 하나님의 진노의 큰 포도주 틀에 밟혔다. 그 피가 온 사방에 퍼져 흥건할 정도였다. 이로써 요한은 이 세상의 진정한 심판주가 누구인지 확신하였고, 성도를 핍박하는 악인들은 모두 하나님의 진노의 심판 앞에 설 것을 확신하게 되었다.

▶ **15장.** 이제 요한은 하나님이 쏟아부으실 이 땅의 마지막 일곱 재앙의 대접을 본다. 하늘 보좌에서 네 생물 중 하나가 하나님의 진노를 가득 담은 금 대접 일곱을 일곱 천사에게 주었다. 이제 본격적인 진노의 심판이 시작될 것이고, 이 일곱 재앙이 마치기까지 하나님의 성전에는 영광과 능력으로 말미암아 연기가 가득 차서 성전에 능히 들어갈 자가 없을 것이다.

▶ **16장.** 요한은 하늘 성전에서 나오는 큰 음성을 듣는다. 그것은 하나님의 진노의 일곱 대접을 땅에 쏟으라는 명령이었다. 첫째 대접부터 넷째 대접

까지는 나팔 재앙과 같이 출애굽 재앙을 연상시키는 재앙이 제국에 쏟아진다. 첫째 대접이 땅에 쏟아지자 짐승의 표를 받고 우상에게 경배하는 자들에게 종기가 났다. 둘째 대접은 바다에 쏟아졌고 바다가 피같이 변하여 모든 생물이 죽었다. 셋째 대접이 강과 물 근원에 쏟아지자 피로 변한다. 넷째 대접을 쏟자 해가 권세를 받아 사람들을 불로 크게 태운다. 이런 대접은 불신 제국을 향한 강력한 경고다. 그런데도 제국의 백성들은 회개하지 않았다. 그러자 이제 다섯째 대접이 제국을 통치하는 짐승의 왕좌에 쏟아진다. 나라가 어두워지고 사람들은 고통으로 자기 혀를 깨문다. 하지만 이들은 회개는커녕 도리어 하늘의 하나님을 비방한다.

이제 여섯째 대접이 큰 강 유브라데에 부어진다. 그러자 강물이 말라 동방의 왕들이 제국으로 넘어오는데, 이들은 개구리 같은 사탄의 더러운 세영, 곧 악의 삼위일체인 용, 바다 짐승, 땅 짐승(거짓 선지자)의 입에서 나오는 영들에 미혹되어 속속들이 아마겟돈으로 모인다. 이는 하나님을 대적하는 마지막 전쟁에 참여하기 위함이다. 일곱째 천사가 대접을 쏟자 큰 성 바벨론이 순식간에 세 갈래로 갈라지고 만국의 성읍들도 무너진다. 옛 하늘과 옛 땅도 사라지고 없어진다. 또 무게가 한 달란트나 되는 큰 우박이 사방을 초토화시킨다. 그런데도 이 땅의 백성들은 끝까지 회개하지 않고 하나님을 비방한다.

▶ **17장.** 일곱 대접 재앙으로 초토화된 세상을 바라보는 요한에게 일곱째 대접 쏟아부었던 천사 중 하나가 요한에게 "이리로 오라"고 초대한다. 요한은 성령 안에서 음녀가 일곱 머리 열 뿔의 붉은 빛 짐승을 타고 세상의 온갖 화려한 것으로 치장한 모습을 본다. 음녀의 이름에는 "큰 바벨론이라. 땅의 음녀들과 가증한 것들의 어미"(5절)라는 이름이 쓰여 있었다. 이 음

녀가 바벨론이었던 것이다. 요한은 정신을 차리고 이 음녀를 다시 보았다. 그러자 그녀는 성도들의 피와 예수 증인들의 피에 취해 있었다. 요한은 충격을 받고 크게 놀랐다. 그러자 천사가 "왜 놀랍게 여기느냐"며, 이제 여자와 그녀가 탄 일곱 머리 열 뿔 짐승의 비밀을 알려주겠다고 한다. 이 비밀은 결국 짐승이 음녀를 미워하여 망하게 하고 음녀의 살을 먹고 불로 살라버리는 악의 자기 파괴적 특징이다. 그렇게 대단해 보였던 음녀, 세상의 승리자같이 보였던 음녀가 결국 자신이 탔던 짐승에 의해 잡아 먹혀 망하게 되는 비밀이다.

▶ 18장. 요한이 눈을 들어보니 하늘에서 천사가 하늘의 큰 영광으로 내려와 힘찬 음성으로 바벨론이 멸망했음을 선포한다. 그러자 하늘로부터 소리가 들리기를 "내 백성아, 거기서 나와 그의 죄에 참여하지 말고 그가 받을 재앙들을 받지 말라"(4절)고 한다. 바벨론의 패망은 하루 만에, 아니 한 시간 만에 신속하게 이루어졌다. 속절없이 무너진 바벨론을 보고 그와 함께 사치하던 땅의 왕들이 애통해한다. 바벨론 덕에 부를 쌓았던 땅의 상인들과 해운 산업에 종사하는 이들이 함께 가슴을 치며 슬퍼한다. 이제 바벨론을 밝히던 불빛은 꺼졌고, 더는 흥겨운 축제와 잔치소리는 들리지 않는다. 선지자들과 성도들의 피를 흘린 바벨론 제국은 이제 완전히 패망했다.

▶ 19장. 이때 요한은 눈을 들어 하늘의 장엄한 찬송소리를 듣는다. 하늘의 예배는 세 번의 연속적인 할렐루야 찬양이 이어지는데(1,3,6절), 하늘의 허다한 무리는 이제 곧 전능하신 하나님이 통치하시고, 어린 양의 혼인 잔치가 이르렀음을 찬양한다. 이스라엘의 혼인은 정혼 후에 신랑이 신부를 위한 처소를 마련하기 위해 떠났다가 처소를 마련한 후 신부를 데리러 다시

오는데, 그때까지 신부는 신랑을 기다리며 정결하게 자신을 준비해야 했다 (요 14:2-3 참조). 신부로서 신랑을 기다리며 자신을 정결하게 준비하는 행위, 이것은 성도들의 옳은 행실이자 그가 입을 세마포 옷이다(8절).

옳은 행실이란 윤리, 도덕적 올바름이라기보다 신부라는 정체성에서 오는 합당한 행실을 말한다. 이때 요한은 임박한 혼인 잔치를 앞두고 신랑 되신 어린 양이 수행할 마지막 전쟁을 본다. 그는 백마를 타고 피 뿌린 세마포 옷을 입고 입에서 예리한 검을 발하며 하늘 군대를 진두지휘한다. 그를 대적하는 세상의 왕들과 장군들은 한순간에 패망한다. 이 패망으로 짐승, 거짓 선지자는 유황불 못에 던져진다(20절, 참조 계 14:10-11, 20:10). 또한 짐승을 따르던 임금들과 군대는 모두 죽임을 당하고 그들의 시체는 공중의 새에 뜯어 먹히는 비참한 상태로 전락한다.

▶ 20장. 요한은 성령 안에서 그동안 있었던 하나님의 구원 역사를 파노라마처럼 되돌아본다. 그리스도의 부활과 승천으로 사탄은 결박당하여 그리스도가 온 세상을 통치하는 기간(천년) 동안 무저갱에 갇힌다(빌 2:9-11). 사탄은 예수님 이름으로 결박당하여 하늘에서 번개같이 떨어진 것이다 (눅 10:18). 하늘 보좌에는 예수님과 함께 보좌에 앉아 천상의 다스림에 참여하는 자들이 있었다. 그들은 예수님을 증거하다가 목 베임을 당한 순교자들이었다. 이들은 짐승과 우상에게 경배하지 않고 이마와 손에 표를 받지 않은 이들이었다. 이들의 육신은 죽임을 당했지만 그 영혼은 하늘에서 살아서 그리스도와 함께 온 세상을 다스리고 있었다. 이것이 곧 첫째 부활이었다.

그리스도의 천상 통치기간인 천 년이 끝나갈 무렵 사탄은 잠시 풀려난다. 이 기회를 놓칠 리 없는 사탄은 땅의 사방 백성을 모아 하나님을 대적하려 마지막 발악을 준비한다. 이들은 하나님의 백성들의 진영과 성읍을 둘러싸 위협하지만, 순식간에 하늘에서 불이 내려와 그들을 태워버린다. 또 그들을 미혹했던 마귀, 곧 옛 뱀이자 사탄이 사로잡혀 불과 유황못에 던져져 영원히 괴로움에 울부짖는다. 이곳은 이미 짐승과 거짓 선지자가 와 있는 곳이다(계 19:20).

이때 요한은 하나님의 크고 흰 보좌 앞에 펼쳐질 마지막 최후의 심판을 바라본다. 옛 하늘과 땅은 어디론가 사라지고 없었다. 그동안 살았던 모든 자는 하나님의 심판대 앞에 심판받는데 그 앞에는 두 종류의 책이 있었다. 하나는 그동안의 행위를 기록한 책이었고, 다른 하나는 어린 양의 생명 얻은 자들의 이름이 기록된 생명책이었다. 이때 바다와 사망과 음부도 죽은 자들을 다 내주고 모든 이들이 하나님의 심판대 앞에 서게 된다. 그동안 죽은 사람을 사로잡았던 사망과 음부의 권세도 이제 모두 힘을 잃고 불못에 던져진다. 이제 사망은 힘을 잃고 모두가 영혼과 육체가 온전히 결합한 전인(全人)으로 하나님 앞에 서게 된다. 하나님의 심판대 앞에 생명책에 기록되지 못한 자는 누구라도 불못에 전인으로 던져진다.

▶ 21장. 요한은 새롭게 펼쳐진 새 하늘과 새 땅을 본다. 옛 하늘과 땅은 이미 사라졌고 바다도 사라지고 없었다. 이때 거룩한 성 새 예루살렘이 하늘에서 이 땅으로 내려온다. 이제 하나님께서 그의 백성들과 영원히 친히 함께 계시며, 그들은 하나님의 백성이 되고 하나님은 친히 그들의 하나님이 되어 주실 것이다. 더는 눈물과 애통과 아픈 것이 없는 새 생명이 풍성한 새로운 세상이 펼쳐질 것이다. 거룩한 성 예루살렘은 아름답고 황홀했지만 무엇보다 놀라운 것은 그 거대한 성읍 전체가 하나의 지성소였다는 점이다! 요한은 그곳에서 성전을 찾아볼 수 없었다. 자신이 이미 거대한 지성

소 안으로 들어왔기 때문이다. 그곳에는 해와 달의 비침이 쓸데없었다. 하나님의 영광이 찬란하게 비치고 어린 양이 그 등불이 되어 강렬하게 빛났기 때문이다. 이곳은 오직 어린 양의 생명책에 기록된 자들만 들어갈 수 있었다.

▶ **22장.** 또 요한은 수정같이 맑은 생명수의 강이 보좌에서부터 흘러나와 길 가운데로 흐르는 것을 본다. 강 좌우에는 생명나무가 있어 달마다 열두 번의 열매가 맺히고 있었고 그 잎사귀는 모든 이들을 치료할 수 있는 잎사귀였다. 더는 저주가 없고, 하나님과 어린 양의 백성들은 이제 그의 얼굴을 친히 볼 것이며, 그의 이름은 백성들의 이마에 있을 것이다. 더는 밤이 없고, 햇빛과 등불도 쓸데없다. 하나님의 찬란한 영광이 온 세상을 환히 비추기 때문이다.

이 모든 환상을 본 요한에게 예수께서는 약속하신다. "보라. 내가 속히 오리니 이 두루마리의 예언의 말씀을 지키는 자는 복이 있으리라"(7절). 요한은 이 소중한 계시의 말씀을 적어 이제 고난 중에 있는 일곱 교회에 산 소망의 메시지를 보내려 한다. 요한은 이 두루마리 책의 말씀을 마음대로 더하거나 빼지 말고 주신 그대로 받을 것을 권면한다. 끝으로 요한은 이 모든 계시의 말씀을 주신 예수님의 증언을 전달한다. "내가 진실로 속히 오리라"(20절). 이 말씀에 요한은 "아멘. 주 예수여 오시옵소서!"로 응답하며, 주 예수님의 은혜가 모든 성도에게 있기를 기원하며 편지를 마무리한다. 이제 요한은 제국의 고난을 두려워하지 않고 최후 승리를 확신하며 담대하게 인내하며 나아갈 용기를 새롭게 얻는다.